1001 IDEEN UND TIPPS
FARBEN
FÜR IHR ZUHAUSE

1001 IDEEN UND TIPPS
FARBEN
FÜR IHR ZUHAUSE

EMMA CALLERY

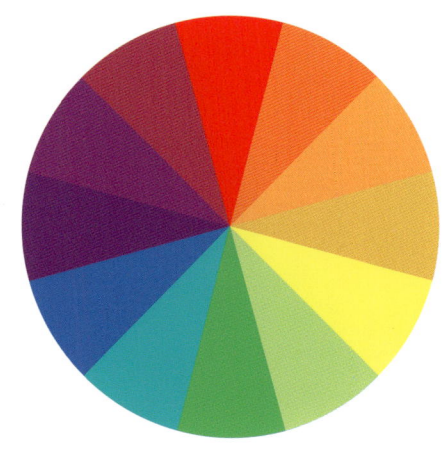

MOEWIG

Genehmigte Lizenzausgabe für
© 2008 Moewig Verlag / edel entertainment GmbH, Hamburg
www.moewig.de, www.edel.de

Deutsche Bearbeitung: Medien Kommunikation, Unna
Übersetzung: Tatjana Wehmeyer
Illustrationen © Ivo Marloh

Hinweis:
Die Anleitungen in diesem Buch sind sorgfältig recherchiert und
geprüft worden, dennoch kann eine Garantie nicht übernommen
werden. Eine Haftung für Personen-, Sach- und Vermögensschäden
ist ausgeschlossen, soweit gesetzlich zulässig.

Printed in China
ISBN 978-3-86803-255-0

Inhalt

Gestalten mit Pinsel und Farbe

Den eigenen vier Wänden ein neues Gesicht geben: Das fällt mit einem neuen Anstrich besonders leicht. Wie man mit Farben und Streichtechniken außergewöhnliche Raumatmosphäre schafft, zeigt dieses Buch. Neben Ideen und Tipps zur Gestaltung mit Farben bietet es nützliche Informationen rund um das Thema Farbe.

Dieses Buch versteht sich als praktischer Leitfaden zur Orientierung in der weiten Welt der Farben. Es vermittelt Grundkenntnisse der Farbenlehre und öffnet den Blick für eine sensible Farbwahrnehmung. So stellt es verschiedene Farbschemen vor, die helfen sich für passende Farbkombinationen in der eigenen Wohnung zu entscheiden. Die Anfangskapitel widmen sich verschiedenen Farbpaletten – zum Beispiel Pastelltönen oder mediterranen Schattierungen – sowie ihrem Zusammenspiel mit analogen Farben und Komplementärfarben. Zahlreiche illustrierte Beispiele veranschaulichen zudem die Wirkung von Farben auf die Atmosphäre eines Raumes.

Es folgt ein ausführlicher Überblick über Anstrichtechniken sowie deren Abstimmung auf Farben und Wohntextilien. Praktische Tipps helfen bei der Entscheidung, ob man selbst einen Anstrich wagen oder lieber einen Profi beauftragen sollte. Die „Praktische Checkliste" gibt schließlich alle wichtigen Informationen zu Farben und Materialien. Aber bevor Sie Ihre Ideen in die Tat umsetzen, lesen Sie zunächst nützliches Hintergrundwissen zum Thema Farbe.

FARBEN VERSTEHEN

Stellen Sie sich einen Regenbogen vor: sehen Sie klar getrennte Farbstreifen oder verlaufen die Ränder zwischen den einzelnen Farben? Der Regenbogen ist ein guter Ausgangspunkt für die Beschäftigung mit Farbe, denn er enthält das Spektrum der Grundfarben und veranschaulicht die Reaktion unseres Gehirns auf die Farben.

Linke Seite: Diese Küche kombiniert kühle Aqua- und Cremetöne, die eine helle, luftige Atmosphäre schaffen. Der Kontrast durch das Rostbraun und Gold der Stoffe bringt Leben in den Raum.
Oben: Die Kombination aus Flieder und Creme wird durch die Farbspiele zwischen dem Sessel und den hellen, lichtreflektierenden Wänden zum Blickfang.

Das menschliche Auge nimmt die Farben des Regenbogens nämlich in getrennten Streifen wahr, obwohl sie tatsächlich ineinander verlaufen. Genauso können Gegenstände gleicher Größe je nach Farbe und Hintergrundfarbe größer oder kleiner wirken.

Farben sind physikalisch betrachtet nichts anderes als in verschiedenen Wellenlängen reflektiertes Licht. Zusammen ergeben diese Wellen die Farben des Regenbogens.

Die Beschäftigung mit dem Regenbogen führt fast zwangsläufig zum sogenannten Farbkreis. Fachleute nutzen ihn, um herauszufinden, welche Farben miteinander harmonieren und welche nicht. Am Farbkreis lassen sich zudem die Beziehungen der verschiedenen Farben untereinander ausgezeichnet verdeutlichen.

DER FARBKREIS

PRIMÄR + PRIMÄR = SEKUNDÄR

SEKUNDÄR + PRIMÄR = TERTIÄR

Als **Primärfarben** bezeichnet man die drei Grundfarben, aus denen alle anderen Farben gemischt werden können: Rot, Gelb und Blau (siehe oben rechts).

Sekundärfarben sind die Farben, die aus dem Mischen gleicher Mengen von Primärfarben entstehen. So werden Rot und Gelb zu Orange, Gelb und Blau zu Grün, und Blau und Rot zu Violett (siehe oben).

Unter **Tertiärfarben** versteht man die Farbtöne, die aus der Mischung einer Primärfarbe und einer Sekundärfarbe entstehen, also Schattierungen wie Gelbgrün oder Rotorange.

Der Farbkreis zeigt also die Beziehungen zwischen den Grundfarben auf. Doch auch alle weiteren möglichen Farben setzen sich immer aus den 12 Farben des Farbkreises zusammen. Die Betrachtung des Farbkreises veranschaulicht zudem, dass Farbkombinationen als angenehm oder beißend, warm oder kalt, hell oder dunkel empfunden werden.

Analoge Farben wie Blau und Violett sind direkte Nachbarn im Farbkreis. Kombinationen aus analogen Farben wirken dezent und beruhigend.

Komplementärfarben, zum Beispiel Violett und Gelb oder Rot und Grün, liegen sich im Farbkreis direkt gegenüber. Im Zusammenspiel sorgen sie für leuchtende Kontraste, wie die unterschiedlichen Farbkombinationen rechts anschaulich verdeutlichen.

Die Zugabe von **Schwarz und Weiß** eröffnet schier unendliche Möglichkeiten. Schwarz und Weiß liegen sich an den Enden des Farbspektrums gegenüber – Weiß enthält und reflektiert alle anderen Farben; Schwarz hingegen absorbiert Licht. Mischt man Farben mit Weiß, so spricht man von Abtönen. Die Farben werden beispielsweise zu hellen Blau- oder zarten Rosatönen aufgehellt. Durch die Zugabe von Schwarz entstehen Schattierungen wie z. B. Tiefrot (siehe unten). Während Abtönungen zart und luftig wirken, schaffen Schattierungen eine intime Atmosphäre.

Man unterscheidet zwischen **warmen und kalten** Farben, je nachdem wieviel warmes Rot oder kaltes Blau sie enthalten (siehe unten rechts). Warme Farben wie Rot, Orange oder Gelb wirken dominant und lassen Räume enger erscheinen. Kalte Farben wie Blau- und Grüntöne sind zurückhaltender und vermitteln Weitläufigkeit. Berücksichtigt man diese Eigenschaften beim Planen von Farbschemen, so lassen sich leicht gezielte Stimmungen in Räumen erzeugen.

ABTÖNUNGEN

SCHATTIERUNGEN

ANALOGE FARBEN

KOMPLEMENTÄRFARBEN

WARME FARBEN

KALTE FARBEN

Oben: In dieser einladenden Familienküche bilden die royalblauen Schränke einen lebhaften Kontrast zu den harmonischen, warmen Gelb- und Orangetönen. Ein bunt gemusterter Läufer und ungewöhnliche Accessoires runden das gemütliche Bild ab.

Erstellung von Farbschemen

Ein Farbschema ist die Zusammenstellung von verschiedenen Farben, mit der man ansprechende Wirkungen – von auffällig bis dezent – erzielen kann. Viele Dekorateure folgen einem einfachen Prinzip: Sie bedienen sich zweier analoger Farben, beispielsweise für Wände und Fußboden, und setzen hier und da ein paar kontrastierende Farbakzente, oftmals durch Wohntextilien oder -accessoires. Viele beliebte Farbschemen brechen allerdings dieses Prinzip auf und erzielen gerade dadurch ganz besonders spannende Effekte.

Ein entscheidender Faktor beim Erstellen eines Farbschemas ist der Farbwert. Auf dem Schwarzweißfoto eines Raumes haben alle Farben mit gleicher Grau-schattierung einen ähnlichen Farbwert, denn dieser gibt an, wie hell oder dunkel eine Farbe ist. Diese Werte prägen die Stimmung eines Raumes. Ähnliche Farbwerte und Farben wirken oft farblos und lang-weilig: Kontraste machen einen Raum interessant.

Dunklere Töne lassen Flächen näher erscheinen – hohe Decken wirken durch sie niedriger oder ein gro-ßer Raum gemütlicher. Hellere Töne reflektieren mehr Licht und schaffen so Distanz, was kleinere Flächen dann meist größer erscheinen lässt.

Viele Menschen sind bei Farbkombinationen zurück-haltend und beschränken sich auf einfarbige Farb-schemen, also solche, die auf nur einem Farbton – wie Blau oder Grün – oder dessen Schattierungen ba-sieren. Ein solch monochromes Schema kann durch-aus reizvoll, harmonisch und wohnlich wirken – be-sonders, wenn man die Farbtöne geschickt einsetzt. Ohne jeglichen Kontrast ensteht manchmal aber auch ein eher langweiliges Bild. Farbliche Akzente hin-gegen unterstreichen die Wirkung der anderen Töne und bringen Leben in den Raum.

So lassen sich mit kontrastreichen Kombinationen aus Komplementärfarben oder aus kalten und warmen Farben spannende Akzente setzen. Aber Vorsicht bei den Farbproportionen – die Menge einer Farbe beein-flusst den Gesamteindruck. So wirken orangefarbene Kissen als Akzente in einem blauen Schema völlig anders als eine ganze Wand in leuchtendem Orange.

Auch Muster und Texturen spielen eine Rolle: Große einfarbige, glatte Flächen können nichtssagend oder sogar penetrant wirken. Für Auflockerung sorgen ein Strukturanstrich oder strukturierte Stoffe. Und auch ungestrichenes Holz wirkt anders als glattes Glas oder Stahl. Grundsätzlich gilt: Je einfacher die Farb-wahl, desto stärker sollten Strukturen hervortreten. Bereits vorhandene Teppiche oder Vorhänge eignen sich als Vorbilder für die Auswahl passender Muster: Denn auch diese können ein Schema entscheidend beeinflussen – so werden Pastelltöne durch auffällige geometrische Formen aufgepeppt oder erscheint ein strenges Farbschema durch Blumenmotive verspielter.

Was braucht ein Raum?

Bei der Planung eines Farbschemas sollte man sich zunächst über die eigenen Prioritäten klar werden:
- Berücksichtigen Sie Größe und Proportionen des Raums: Sollen sie durch Farben ausgeglichen wer-den? Erscheint der Raum beispielsweise zu eng oder die Decke zu hoch?

Oben: Sattes Rot wird hier mit nüchternem Schwarz und Weiß kombiniert. Kontraste und Farbtöne werden kreativ eingesetzt. Die Kassettendecke wird durch auffällige Farben zum Blickfang. **Unten:** Indische Einflüsse bestimmen diese kuschelige Ecke. Safrangelbe Wände bilden einen attraktiven Kontrast zu dem violetten Teppich und schaffen eine freundliche, warme Atmos-phäre. Das exotische Thema wird auch in den Accessoires auf-gegriffen: Bild, Läufer und Wandbehang in indischem Stil; Lampen aus Buntglas und Metall; geschnitztes Mobiliar.

Links: Dieser weitläufige Raum wirkt durch warmes Gelb und den Terrakotta-Fußboden gemütlich. Pinkfarbene Kissen und dezente Blautöne in den Textilien setzen dekorative Akzente. Der Raum vermittelt ein sonniges, mediterranes Flair.

Quellen der Inspiration

Wer beim Anstreichen nicht bereits eine bestimmte Farbe vor Augen hat oder einen besonderen visuellen Effekt erzielen möchte, kann ein Farbschema z. B. auch an Stoffen oder Mustern ausrichten. Andere mögliche Quellen der Inspiration oder Hilfen sind:

- Anhand von Musterstreifen von Farbherstellern lassen sich neue Farben perfekt auf bereits vorhandene abstimmen. Man kann sich Farbtöne aber auch individuell mischen lassen – z. B. nach Vorbildern aus diesem Buch. Empfehlenswert sind dann kleine Farbproben für einen Probeanstrich.
- Sammeln Sie – z. B. aus Zeitschriften – Farb- und Strukturbeispiele, die Ihnen gefallen.
- Besorgen Sie sich im Fachgeschäft kleine Stoffabschnitte zur Probe.
- Lassen Sie sich von historischen Vorbildern inspirieren (siehe „Antikfarben", S. 133). Berücksichtigen Sie dabei aber Baujahr und Stil Ihres Hauses, denn ein klassizistischer Anstrich eignet sich beispielsweise nicht unbedingt für eine postmoderne Wohnung.
- Lassen Sie sich von der Natur inspirieren, die ungewöhnliche und meist lebhafte Farbschemen hervorbringt: Sattes Moosgrün zu herbstlichen Gold- und Rottönen, Meerblau und Sandfarben, bunte Blumen mit frischem Grün. Oder betrachten Sie städtische Szenerien – vielleicht mögen Sie das Zusammenspiel von Stahl und Holz oder den Kontrast zwischen roten Dächern und weißem Stein?
- Kinderzimmer lassen sich wunderbar passend zu den Interessen oder Lieblingsbüchern der Kinder gestalten.

- Welcher Stil passt zu Ihnen und dem Raum – modern minimalistisch, ländlich, elegant, traditionell floral? Beachten Sie hier auch den architektonischen Stil des Raumes oder besondere Einrichtungsgegenstände wie z. B. einen Kamin.
- Wollen Sie den Raum warm, elegant, kühl, gemütlich oder schlicht gestalten?
- Gibt es Bereiche oder Gegenstände, die Sie hervorheben oder verstecken möchten? Akzentuierende Farben betonen, einheitliche Farbtöne verbergen sie.
- Um Ausgeglichenheit oder einen Raummittelpunkt zu schaffen gilt es zu entscheiden, ob Sie den Hintergrund oder die Einrichtung betonen wollen.
- Wie ist der natürliche Lichteinfall? Wollen Sie ihn verstärken oder eher abschwächen? Ein nach Norden ausgerichteter Raum wirkt z. B. mit hellem Boden oder sonnenfarbenen Wänden freundlicher.
- Achten Sie auch auf Raumaufteilung und Einrichtung – die Zimmerdecke ist beispielsweise die größte schmucklose Fläche.

Ist das Farbschema entschieden, heftet man die Farbmusterstreifen am besten auf eine Pappe und betrachtet sie in dem Raum, den man streichen will – und zwar sowohl bei Tageslicht als auch bei künstlicher Beleuchtung. Wenn Ihnen jetzt etwas nicht gefällt, können Sie es noch ändern, ohne auch nur einen Tropfen Farbe verschwendet zu haben.

Doch auch das Zusammenspiel verschiedener Farben in der Wohnung gilt es zu beachten: Unterscheidet sich die Farbe des Eingangs drastisch von der

eines angrenzenden Raumes, kann das die Wohnung kleiner erscheinen lassen. Geschickt ist es, gleiche Fußbodenbeläge oder Wandfarben für benachbarte Bereiche zu verwenden.

AUSWAHL VON FARBEFFEKTEN

Das Kapitel „Auswahl von Anstrichtechniken" (ab S. 174) gibt einen Überblick über die endlose Fülle von Gestaltungsmöglichkeiten mit Farbe. Originelle Techniken wie Trompe l'oeil, Schablonieren und Freskenmalerei werden beispielsweise unter „Bemalte Flächen" (ab S. 176) vorgestellt. Das Kapitel „Struktureffekte" (ab S. 192) informiert über Antikeffekte, die Oberflächen den Charme einer liebgewonnenen Antiquität verleihen, oder die Wischtechnik, die große Wandflächen weicher und tiefer erscheinen lässt. Selbstverständlich werden auch Wickel- und Schwammtechniken sowie die ausdrucksstarke Spritztechnik vorgestellt. In „Imitationen" (ab S. 208) geht es um Techniken, mit denen man Bronze-, Marmor-, Rost- oder Holzoptiken erzielt. Diese verleihen Oberflächen Struktur, Originalität und einen Hauch von Glamour.

DO IT YOURSELF ?

Sobald die Farbauswahl feststeht, bleibt noch die Frage, ob man den Anstrich selbst vornehmen oder einen Profi beauftragen will. Die „Do it yourself?"-Kästchen für die verschiedenen Techniken sollen bei der Beurteilung helfen, ob man sich der Aufgabe gewachsen fühlt. Selbst Hand anzulegen schont natürlich den Geldbeutel, erfordert aber auch Geschick, Engagement und Geduld. Ein erfahrener Profi arbeitet in der Regel schneller und liefert einen qualitativ hochwertigen Anstrich. Beim Beauftragen eines Malers sollte man am besten möglich genau wissen, was man will. So kann man den Auftrag klar formulieren und die Qualität der Arbeit beurteilen. Dabei hilft das Kapitel „Praktische Checkliste" (ab S. 226), das wertvolle Tipps für den Umgang mit professionellen Handwerkern und das Einhalten des Budgets liefert. Hier gibt es zudem Tipps zu geeigneten Farben und Mengen.

Soweit die Übersicht zu diesem Buch. Jetzt bleibt nur, Ihnen Erfolg und Spaß bei der Wahl der Farben und Techniken sowie beim Anstreichen zu wünschen!

Oben: Ohne den Perlmutteffekt der Wände, der für Struktur und Helligkeit sorgt, würde dieses Gästebadezimmer schlicht und nichtssagend wirken. Die obere, malvenfarbene Wandhälfte steht in attraktivem Kontrast zur mattgrünen Unterhälfte.

Die Farbwahl

Angesichts des breiten Angebots fällt die Entscheidung für die richtigen Farben oft nicht leicht – besonders, wenn man keine Ausgangspunkte wie ein bestimmtes Farbschema hat, an dem man sich orientieren kann. Die folgenden Seiten sollen Ihnen dabei helfen, eine kompetente Entscheidung zu treffen. Grafische Darstellungen ein und desselben Raumes in verschiedenen Farbkombinationen bieten reichlich Anregungen. Lassen Sie sich auch von den Fotos inspirieren! Sie sind nach Farbgruppen geordnet, die dann auf den folgenden Seiten sowohl einzeln als auch in Kombination mit harmonisierenden oder kontrastierenden Farbpaletten dargestellt werden.

Naturtöne und neutrale Farben

Natürliche Farben wie die von Sand und Stein oder Holz und Himmel bilden einen idealen Hintergrund, um das Augenmerk auf architektonische Details, Muster oder Strukturen zu lenken. Zugleich schaffen Naturtöne eine dezent elegante Atmosphäre.

Linke Seite: Neutrale Farben und Naturtöne verleihen klassischen architektonischen Details wie diesem Kamin einen modernen, zeitgenössischen Look. Erikafarbene Wände und ein himmelblau gestrichener Holzboden schaffen ein anheimelndes, warmes Ambiente in diesem Schlafzimmer.

Die meisten Menschen fühlen sich mit natürlichen Materialien wie Holz oder Stein in ihren Wohnräumen sehr wohl. Die Palette der Naturfarben besteht aus gebrochenen Weiß-, dezenten Creme- und erdigen Brauntönen sowie allen eleganten Graunuancen. Dazu passen zartes und dunkles Blau, das die verschiedenen Stimmungen des Himmels widerspiegelt, alle Grüntöne des Waldes und die zahlreichen Gelbtöne der Sonne.

Im 18. und 19. Jahrhundert waren die Innenräume meist im sogenannten tristen Grau gestrichen. Die Georgier kombinierten Grau mit eleganten Cremetönen. Sie betonten architektonische Details, indem sie Akzente aus abgestuften Nuancen neutraler Farben setzten. Hölzer waren hingegen in neutralem Braun gehalten, das den natürlichen Ursprung des Materials widerspiegelte.

Dunkle Naturtöne können einem Raum Tiefe verleihen, hellere Nuancen wirken kühler und moderner. Naturfarben lassen harte Linien weicher erscheinen, indem sie ein Gefühl von Weitläufigkeit und Ruhe vermitteln. Warme Schattierungen wie Elfenbein und Kupfer kann man gut mit kühleren Tönen wie Sandstein und Grau kombinieren. Naturfarben, besonders in Kombination mit Schwarz und Weiß, sind auch ein sehr schöner Ausgleich zu dominanteren Farben wie dunklem Rot. Die Vermischung heller, mittlerer und dunkler Töne einer Basisfarbe kann allerdings schnell nichtssagend wirken. Dies lässt sich vermeiden, indem man den Flächen Struktur verleiht – zum Beispiel durch Wickel- oder Schwammtechniken.

Neutrale Farbtöne harmonieren sehr gut mit natürlichen Materialien. So passt ein heller Holzfußboden wunderbar zu anderen Naturmaterialien wie Kork, Kiesel, Sisal, Leder, Leinen, Steingut oder Bambus.

Diese Fotos verdeutlichen die Rolle neutraler Farben: als Hintergrund, der andere Farbtöne oder Strukturen in Szene setzt, oder als verbindendes Element in einem Raum, das Wärme und Eleganz einfließen lässt. Entscheidend ist die Wahl einer neutralen Hintergrundfarbe. Sie soll Harmonie schaffen und nicht etwa Gegensätze betonen.

Oben: Champignonfarbene Wände und ein Naturholzfußboden werden durch das lebhafte Fuchsienrot des Betts und die fröhlich gestreifte Decke belebt. Accessoires aus Bambus und Leinen greifen das natürliche Thema wieder auf.

Oben: Schreibtisch und Wand in Cremetönen bilden einen neutralen Hintergrund, der wunderbar mit dem Laubgrün des Stuhls und des Regals harmoniert.

Oben: In diesem stilvollen Badezimmer werden warme, neutrale Stein- und Sandtöne besonders wirkungsvoll eingesetzt.

Links: Elfenbeinfarbene Wände und Vorhänge kombiniert mit Kaffeetönen im Mobiliar und Naturtönen am Boden lassen diesen Raum hell und elegant erscheinen.

Unten: Streifen und Gewebe harmonieren perfekt mit dem dezenten Farbschema aus Apfelgrün und blassen Steintönen.

Oben: Neutrale Töne sind ein Klassiker in entspannenden, aber praktischen Badezimmern. Hier wird goldenes Creme mit Naturhölzern kombiniert.

Oben: Gelbe und rote Akzente durch Kissen und Stühle beleben hier das dezente Ambiente aus Naturtönen.

Oben: Wände in blassen Aquatönen und weißgestrichene Dielen sowie schlichte Accessoires schaffen eine entspannte, natürliche Atmosphäre.

Oben: Dieser Raum zeigt das harmonische Zusammenspiel von warmem Schokobraun mit Gold- und Grüntönen. Das Schaffell auf dem Bett setzt einen strukturellen Akzent.

Oben: Dieses anheimelnde Zimmer kombiniert kräftiges Grau-Blau mit Creme. Backsteine und Naturholz runden das Bild ab.

Oben: Auch Naturtöne können dramatisch wirken, besonders in moderner Einrichtung. Dieses Wohnzimmer besticht durch warmes Kobaltblau zusammen mit Schiefer, Stein und Holz.

Farbpalette

Obwohl sie dezent und schlicht wirken, sind neutrale Töne komplexe Mischungen vieler Farbnuancen. Bei der Wahl sollten Sie sich an der Natur orientieren. Wählen Sie zwischen gebrochenem Weiß, Creme, Gelb, Braun, Grau, Blau und Grün. Diese Farben eignen sich sehr gut für Wohnräume, da sie andere Farben oder dezente Strukturen nicht erdrücken.

Farbandeutungen

Creme

Sand

Milchkaffee

Schokolade

Himmelgrau

Stahlgrau

Himmelblau

Tiefblau

Hellgrün

Moosgrün

Warmes Gelb

Harmonische Farbschemen

Durch die harmonische Kombination von Naturfarben und neutralen Tönen lassen sich Themen variieren, Akzente setzen und eintönige Flächen vermeiden. Nehmen Sie sich die Natur zum Vorbild – kombinieren Sie Meer und Sand, Rinde und Blätter oder Stein und Moos.

Farbandeutungen und Nebelblau

Creme und Kaffee

Sand und Blassgrün

Milchkaffee und Rost

Schokolade, Creme und Mint

Himmelgrau, Dunkelgrau und Blau

Stahlgrau, Weiß und Blau

Himmelblau, Flieder und Erika

Tiefblau, Hellblau und Flieder

Hellgrün und Braun

Moosgrün und Stein

Warmes Gelb, Champignon und Safran

Kontrastierende Farbschemen

Um Farben lebhafter zusammenzustellen oder eine Lieblingsstelle im Raum hervorzuheben, können natürliche Farben durch Kontrastfarben aufgepeppt werden. Hier liefert die Natur wieder die besten Anregungen – man denke an exotische Blumen im Laub des Regenwaldes oder Erdbeeren mit Sahne.

Farbandeutungen und Grün

Creme und Limone

Sand und Blau

Milchkaffee und Safran

Schokolade und Rosa

Himmelgrau und Kastanie

Stahlgrau und Türkis

Himmelblau und Zitrone

Tiefblau, Gold und Weiß

Hellgrün und Fuchsienrosa

Moosgrün, Braun und Scharlachrot

Gelb, Pfirsich und Olivgrün

Ein und derselbe Raum kann je nach Farbe verschiedene Stimmungen widerspiegeln, selbst wenn es sich nur um Naturtöne handelt. Dieses schlicht eingerichtete Schlafzimmer kann feminin oder maskulin, modern oder altmodisch, lebhaft oder beruhigend wirken. Mit schiefergrauer Bettwäsche, nüchternen elfenbeinfarbenen Wänden und cremefarbenem Teppich wirkt das Schlafzimmer auf dem Foto so eher klassisch und maskulin.

1 Die dominante schokobraune Einzelwand wird durch die warmen Töne der braunen Bettwäsche und des cremefarbenen Teppichs ausgeglichen.

2 Graugrün harmoniert sehr gut mit Braun. Das Milchkaffee-Braun der Wände lenkt vom dunkleren Teppich ab und lässt den Raum größer erscheinen.

3 Während der blassgraue Teppich und der neutrale Steinton der Wände im Hintergrund bleiben, richtet sich der Blick auf das himbeerrote Bett.

4 Weiße Wände und der graue Teppich stehen in erfrischendem Kontrast zur mintgrünen Bettwäsche und der erikafarbenen Einzelwand.

5 Tiefrote Kissen zeigen, wie aussagekräftig Akzente in Kontrastfarben entstehen, wenn sie sparsam mit den weichen Neutraltönen eingesetzt werden.

6 Weiche Grüntöne schaffen hier ein klassisch feminines Ambiente: grau-grüne Wände, frisch-grüne Kopfkissen und Teppich in schwachem Blassgrün.

7 Harmonisches Farbtrio: Die dunkelgrüne Bettwäsche ist Bindeglied zwischen dem blassgrünen Teppich und der warmen terrakottafarbenen Wand.

8 Sattes Dunkelblau verleiht dem Bett einen Hauch von Luxus. Ein grau-blauer Teppich und elfenbeinfarbene Wände sorgen für modernes Flair.

9 Das blasse Grauweiß der Wände wird in dem stahlgrauen Teppich aufgegriffen. Die smaragdfarbene Bettwäsche belebt die Szenerie.

Treppenhäuser oder andere zentrale Bereiche sollten warm und einladend wirken und zum Stil der sichtbaren angrenzenden Räume passen.
Hier bieten sich dezente Kombinationen aus neutralen Farben und
Naturtönen an. Die Mischung aus Naturholz, schokofarbenen Wänden
und schwarzen Holzarbeiten verleihen dem Treppenhaus auf dem Foto
ein traditionelles, aber dennoch markantes Erscheinungsbild.

1 Holz und Cremetöne schaffen eine einladende
Atmosphäre. Das dunkle Holz von Fußleiste und
Türrahmen fungiert als verbindendes Element.

2 Zwei Neutralfarben in unterschiedlichen Nuancen
bringen die weißen Holzarbeiten zum Leuchten.
Das reflektierende Weiß sorgt für luftiges Flair.

3 Champignonfarbene Wände und Türen bilden den
ruhigen Hintergrund für die lebhaften Kontraste
durch aquafarbene Holzarbeiten.

4 Klares Statement: Alle Holzarbeiten wurden Waldgrün gestrichen. Der viel hellere Ton der Wände hebt die Wucht der Farben etwas auf.

5 Dunkle Böden und helle Wände lassen den Raum weitläufig wirken. Elfenbeinfarbene Wände und blassgrüne Türen sorgen für modernes Flair.

6 Graue Wände harmonieren mit dem Türkis der Türen und des Treppenaufgangs. Zusammen mit den blau-grauen Dielen entsteht ein ruhiger Eindruck.

7 Grau bildet die perfekte Balance zwischen Schwarz und Weiß. Hier wird durch Kombination mit blassem Blau eine elegante Wirkung erzielt.

8 Die zartrosa Wände bilden einen attraktiven Kontrast zu den Holzarbeiten aus Eiche und dem gebleichten Holzfußboden. So entsteht Wärme.

9 Die satten Aquatöne des Treppengeländers und der Türen schmeicheln den laubgrünen Fußleisten. Der weiße Boden hellt die grauen Wände auf.

Zarte Pastelltöne

Ein Hauch von sanften Pastellnuancen schafft nicht nur eine entspannende Atmosphäre, sondern kann auch kleine oder dunkle Räume größer und luftiger wirken lassen. Die traditionell als feminin geltenden Töne haben dabei längst ihr etwas angestaubtes Image abgelegt.

Linke Seite: Durch die Kombination dezenter Pastelltöne wirkt dieses traditionell eingerichtete Wohnzimmer hell und freundlich. Die hauchzarten Aquatöne der Wände werden in den mintfarbenen Holzarbeiten aufgegriffen. Die warmen Rosétöne der Wohntextilien sorgen für erfrischende Kontaste.

Pastelltöne entstehen durch Mischung reiner Farben mit Weiß. Aufgrund dieser gemeinsamen Basis beißen sie sich nicht und lassen sich gut kombinieren. Lebhafte Farben wie Limonengrün oder Fuchsienrosa können durch Zugabe von Weiß frisch und beruhigend wirken, ohne ihren peppigen Grundton zu verlieren.

Wenn Ihnen Pastellfarben zu niedlich erscheinen, können Sie mit natürlichen Farben wie Dunkelblau oder Waldgrün elegante oder dramatische Akzente setzen. Einen zu femininen Look verhindern Sie durch einen Mix kontrastierender Pastelltöne, den Sie mit einer starken Kontrastfarbe oder sogar strahlendem Weiß beleben. Eher graue Pastellnuancen passen zu kalten, aussagekräftigen Farben wie Blau. Sehr hellen Pastellfarben fehlt es manchmal an Tiefe. Sie profitieren von leuchtenden Akzentfarben wie Rot.

Obwohl sie mit ihren sanften und zarten Eigenschaften ideal zum Ambiente eines Schlafzimmers passen, können sie auch in anderen Räumen durchaus wirkungsvoll eingesetzt werden. In Wohnzimmern, wo oft eine zurückhaltende Grundfarbe bevorzugt wird, können sich neutrale Pastelltöne wie Blassgrün und Himmelblau wunderbar entfalten. Hochmodern eingerichteten Küchen nehmen sie zudem Strenge und Sterilität.

Je nach Wahl der Wohntextilien, Möbel und Accessoires kann man mit Pastellfarben die verschiedensten Looks kreieren: von traditionell bis modern gewagt. In Kombination mit Glas, Chrom oder anderen glänzenden Oberflächen entsteht eine perfekte Balance zwischen maskulinen und femininen Elementen. Gestreifte oder geometrisch gemusterte Wohntextilien sind eine zeitgerechte Alternative zu Blumenmustern. Pastellfarben sind schließlich die klassischen Begleiter von Möbeln im Landhausstil.

Pastelltöne vertragen sich mit den verschiedensten Farbnuancen: von Neutralfarben bis hin zu leuchtendem Rot und Blau. Als eine der vielseitigsten Farbfamilien sind sie überall einsetzbar – ob in zweckmäßigen Büros oder gemütlichen Wohnzimmern. Pastellfarben schmeicheln diversen Stilrichtungen, von Art Deco über Kolonialstil bis hin zu topaktuellen Designs.

Unten: Zitrustöne und glänzend weiß lackiertes Holz lassen dieses Badezimmer spritzig und erfrischend wirken.

Oben: Pastelltöne können harte Linien in einer Küche weicher erscheinen lassen. Hier bilden jadegrüne Schränke einen frischen Kontrast zum Naturholz der Arbeitsplatte.

Oben: Lebhafte Pastelltöne in Limone kombiniert mit Weiß schaffen eine moderne und einladende Atmosphäre.

Links: Streifen aus hellem Pastellgrün und leuchtendem Sonnengelb sorgen für attraktive Kontraste.

Oben: Pastellfarben eignen sich optimal zur Aufhellung rustikaler Einrichtung. Hier schmückt ein Quilt in zarten Pastelltönen das grüne Bett.

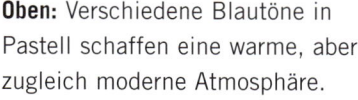

Oben: Verschiedene Blautöne in Pastell schaffen eine warme, aber zugleich moderne Atmosphäre.

Unten: Dieses warm und entspannend wirkende Wohnzimmer lebt von sanften Limonen-, Rosé- und Apfelgrüntönen.

Unten: Hier trifft leuchtendes Pastellblau auf sanftes Erdbeerrosa, während Naturholzböden und cremefarbene Wände einen dezenten Hintergrund bilden.

Links: Pastellfarben eignen sich wunderbar zur Verschönerung eines eintönigen Arbeitsplatzes. Dieses schlichte Büro wirkt durch pastellgrüne Wände und taubenblaue Jalousien ruhiger.

Oben: Das laubgrüne Sofa und der Teppich in Fuchsienrosa setzen vor den cremefarbenen Wänden im Hintergrund belebende Akzente.

Links: Das frische Laubgrün harmoniert perfekt mit dem dunklen Naturholz und dem geblümten Sesselbezug.

Farbpalette

Die Familie der Pastellfarben ist zart und bezaubernd, kann einem Raum aber auch Charakter verleihen. Die Rosatöne sind warm und einladend, die Blautöne klar und bestimmt sowie die Grüntöne lebhaft und frisch. Man kann viele verschiedene Pastellfarben kombinieren, ohne dass der Look zu schrill wirkt.

Pastellweiß

Zitrone

Zartes Rosa

Warmes Rosa

Pfirsich

Babyblau

Himmelblau

Flieder

Blassgrün

Staubgrün

Pastellgrau

Türkis

Harmonische Farbschemen

Damit harmonische Pastelltöne nicht zu niedlich wirken, muss man sie richtig kombinieren. Solche beruhigenden Kombinationen schmeicheln dem Auge, sind aber nicht langweilig. Weißes Holz oder weiße Wohntextilien bilden einen deutlichen Akzent, während Naturholz, Korbwaren oder andere Naturstoffe den Look vervollständigen.

Pastellweiß und Babyblau

Zitrone und Vanille

Blassrosa und Flieder

Warmes Rosa, Creme und Schokolade

Pfirsich und Erdbeer

Blassblau, Mauve und Creme

Himmelblau, Royalblau und Rosa

Flieder und Pink

Blassgrün, Türkis und Creme

Staubgrün, Waldgrün und Blau

Pastellgrau und Flieder

Türkis und Marineblau

Kontrastierende Farbschemen

Pastellfarben profitieren ungemein von Kontrastfarben, mit denen sie aufregende, oft überraschende Farbzusammenstellungen bilden können. Kühle Pastelltöne lassen sich sehr gut mit Pink oder leuchtendem Orange kombinieren, während warmes Rosa oder Gelb optimale Begleiter für Royalblau oder Tiefgrün sind.

Pastellweiß und Fuchsie

Zitrone und Royalblau

Blassrosa, Dunkelgrün und Braun

Warmes Rosa, Mauve und Laubgrün

Pfirsich und Purpur

Blassblau, Blassgrün und Erdbeer

Himmelblau und Orange

Flieder und Flaschengrün

Blassgrün, Zitrone und Walnuss

Staubgrün und Pfirsich

Pastellgrau, Pink und Purpur

Türkis, Gold und Marineblau

Wohnzimmer, die einladend und gemütlich wirken sollen, eignen sich besonders gut für Experimente mit Pastellfarben. Wer wenig Platz hat, sollte allerdings bedenken, dass die Wahl der Farben (kalt oder warm) die Zimmergröße beeinflusst. Die Farbe von Holzböden kann mit anderen Farbelementen harmonieren oder kontrastieren. Das Foto zeigt den Kontrast zwischen den dezenten Pastelltönen von Wänden, Leisten sowie Sessel und den leuchtenden Kissen in Fuchsienrosa und sattem Purpur.

1 Olivgrüne Kissen setzen Akzente in der violetten Einrichtung. Babyblaue Wände und Holzfußboden sorgen für Kontraste.

2 Hier vereinen sich blassrote Wände, laubgrüne Möbel, pinkfarbene Kissen und ein Naturholzfußboden zu einem modernen Look.

3 Blauer Boden, weiße Holzarbeiten, beigefarbene Möbel und fliederfarbene Wände wirken frisch.

4 Das dramatische, helle Zitronengelb wirkt auffällig und modern. Dunkelorangefarbene Kissen und strahlend weiße Dielen setzen mutige Akzente.

5 Warmes Pastellrosa, dunkles Violett und Purpurfarben dominieren dieses luxuriöse Ambiente. Naturfarbene Dielen sorgen für dezenten Ausgleich.

6 Hier entsteht durch Apfelgrün und dunkles Violett ein zeitgerechtes Raumgefühl.

7 Hier wurden pastellblaue Wände mit kobaltblauen Möbeln kombiniert. Naturfußboden und weiße Malereien sorgen für farbliche Abwechslung.

8 Eine gemütliche Atmosphäre lässt sich durch eine Kombination von Natur- und Pastelltönen wie Karamell, Milchkaffee und zartem Erdbeerrosa schaffen.

9 Apfelgrün und Zitronengelb sorgen für frische Kontraste zu dem strahlendem Weiß.

Bei der Entwicklung eines Farbschemas sollte man überlegen, was im Raum betont werden soll. Hier stellt sich die Frage, ob die großen Fenster hervorgehoben werden sollen – z. B. durch farbliches Absetzen der Fensterläden von den Wänden – oder ob man die Aufmerksamkeit eher in die Zimmermitte lenken möchte. Die Pastelltöne lassen den Raum auf dem Foto sonnendurchflutet wirken. Marineblaue Kissen setzen Akzente zu den Gelbtönen der Wände und Fensterläden sowie zu den zartgrünen Sitzmöbeln.

1 Durch den weißen Boden und die Wände in kühlem Blau wirkt der Raum optisch größer. Das dunkelblaue Sofa mit bonbonfarbenen Kissen lädt zum Relaxen ein.

2 Die satten Pastelltöne auf diesem Bild beziehen ihre Inspiration aus der Natur: erikafarbene Wände, waldgrüne Sofas, laubgrüne Kissen und ein Naturholzboden.

3 Wände in zartem Apricot im Zusammenspiel mit baby-blauem Fußboden und mauvegrauen Sofas kontrastie-ren mit flaschengrünen Kissen.

6 Auch Pastellfarben können dramatisch wirken, wie die zitronenfarbenen Wände und grünen Fensterläden zei-gen. Akzente in Senf- und Safrangelb runden den Look ab.

4 Hier wird das rosafarbene Sofa mit den knallroten Kissen zum Blickfang. Dezenter wirken dagegen der schokobraune Teppich und die lachsfarbenen Wände.

7 Zitronengelbe Wände und ein weißer Fußboden lassen den Raum offen erscheinen. Blassblaue Sofas und violette Kissen sorgen für überraschende Kontraste.

5 Der Kontrast zwischen himmelblauen Wänden und zartrosa Fensterläden betont die großen Fenster.

8 Diese bezaubernde Kombination aus Weiß, Apfelgrün und Flieder lässt das Zimmer geräumig erscheinen.

Warm und gemütlich

Warme Farben schaffen eine einladende und intime Atmosphäre, können aber auch anregend und opulent wirken. Bei Tageslicht geben sie sich offen und fröhlich; wenn es dann abends dunkler wird, entsteht eine gleichermaßen aufregende wie sinnliche Stimmung.

Linke Seite: Warmes Pink, das zwischen Malven- und Fuchsienrot changiert, ziert die Wände dieses gemütlichen Schlafzimmers. Es bildet einen starken Hintergrund für den viktorianischen Kamin und harmoniert wunderbar mit den Naturtönen der Korb- und Holzmöbel.

Die Farben dieser Palette finden sich alle auf der warmen Seite des Farbkreises (siehe S. 9). Die Wärme der Farben hängt von ihrem Rotanteil ab: rötliches Purpur ist beispielsweise lebhafter und einladender als Farben mit höherem Blauanteil. Lassen Sie sich von Gewürzen wie Safran, Zimt oder Paprika inspirieren.

Dunkle, warme Farben vermitteln Fröhlichkeit und Gemütlichkeit. Daher eignen sie sich besonders für große Räume, die sonst kalt und ungemütlich wirken würden. Hellere warme Töne, wie zum Beispiel Gelb, bringen sonniges Flair in eher dunkle, schlecht beleuchtete Räume.

Farben dieser Palette werden traditionell in Wohn- und Esszimmern, Büros und Bibliotheken verwendet. Sie eignen sich aber auch gut zum Ausgleich harter Linien in Küchen. Außerdem sind sie praktisch und unempfindlich.

Satte, exotische Farbtöne wie Zimt oder dunkles Violett verleihen Räumen einen Hauch von Glamour. Frech verspielte Töne wie Pink wirken in Kombination mit Schokobraun oder Burgunderrot seriöser. Diese Farbpalette enthält ausschließlich satte Farben.

Aufgrund ihrer Dominanz sollten die Farben mit ähnlich kräftigen Elementen ausgeglichen werden – das können architektonische Formen, warme Lampen aus Metall oder polierte Bronzeskulpturen sein. Dazu passen kräftige, aber einfache Materialien: dunkles Mahagoniholz, Stein oder Ziegel. Bunt gemusterte Orientteppiche, prächtige Damaststoffe und Samt runden das Bild ab.

Ein Anstrich in Wisch- oder Spritztechnik kann warmen Farben Struktur verleihen. Davon profitieren besonders Erd- und Terrakottatöne wie warmes Braun oder dunkles Orange.

Die Farben dieser Palette verleihen einem Raum nicht nur Wärme und Charakter, sondern verbinden auch Alt mit Neu. Ob verschnörkelte goldene Kerzenständer und Bilderrahmen oder antike dunkle Holzmöbel – altmodische Accessoires profitieren von warmen, luxuriösen Farbtönen. Kombiniert mit anderen kräftigen Farben entstehen starke Akzente.

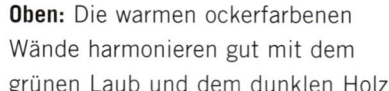

Oben: Die warmen ockerfarbenen Wände harmonieren gut mit dem grünen Laub und dem dunklen Holz.

Oben: Hier entsteht die opulente Wirkung durch Terrakotta- und Goldtöne sowie Seiden- und Damaststoffe. Das elfenbeinfarbene Sofa bringt Helligkeit in den Raum.

Oben: Das Safrangelb der Wände wird raffiniert im Leopardenmuster aufgegriffen. Die Accessoires im Empirestil sorgen für elegante, aber verspielte Akzente.

Oben: Die rote Wand gleicht die funktionellen Linien dieses Badezimmers aus. Hier wurde auf kalte Neonbeleuchtung verzichtet – Glühlampen unterstreichen die Wirkung warmer Farben.

Rechts: Zwei verschiedene Gelbtöne vermitteln sonniges, mediterranes Flair. Die apfelgrünen Holzarbeiten und roten Kissen gleichen das Farbschema aus.

Unten: Die fliederfarbenen Wände verbinden den Raum mit der Zimmerdecke und heben die neoklassischen Golddetails hervor.

Oben: Dieser kleine Essbereich wirkt durch die sonnigen Gelb- und Cremetöne freundlich und luftig.

Oben: Rote Wände, leuchtende Sonnenblumen, dunkles Holz und antike Accessoires unterstreichen den gemütlichen Cottagestil.

Oben: Die warmen Töne des gemauerten Kamins werden in den burgunderroten Wänden aufgegriffen. Möbel in Gelb- und zarten Blaugrüntönen sorgen für Akzente.

Links: Ein Lieblingsquilt oder -teppich kann zum Blickfang im Raum werden. Die satten, warmen Töne dieses Quilts spiegeln sich im dunklen Rosa der Wände wider.

Farbpalette

Diese fröhlichen Farben erzeugen eine einladende Raumoptik. Verschiedene Gelbtöne sorgen für einen neutralen, aber sonnigen Hintergrund, während durch Pink, Rot und Pupur auffällige Akzente gesetzt werden. Schokobraun ist eine ideale Farbe für Dekorationen im Stil des 19. Jahrhunderts.

Warmes Creme

Sand

Sonnengelb

Braunorange

Dunkelorange

Pfirsich

Rosa

Pink

Rot

Lila

Aubergine

Schokolade

Harmonische Farbschemen

Zusammenstellungen aus den warmen Tönen des Farbkreises (siehe S. 9) wirken harmonisch und freundlich. Man kann sie auffällig und peppig gestalten (z. B. mit Rot, Braun und Orange) oder eher dezent (z. B. durch Braunorange, Pfirsich oder Burgunderrot).

Warmes Creme, Rosa und Flieder

Sand und Terrakotta

Sonnengelb, Orange und Olivgrün

Braunorange, Pfirsich und Burgunderrot

Dunkelorange und Rosa

Pfirsich, Orange und Braun

Rosa, Rot und Creme

Pink, Indigo und Graublau

Rot, Braun und Orange

Lila, Royalblau und Flieder

Aubergine und Blau

Schokolade, Orange und Champignon

Kontrastierende Farbschemen

Warme Töne kombiniert mit Akzenten aus kalten Farben ergeben ausgeglichene, dezente Schemen. Schwarz, Weiß und Creme sind ebenfalls großartige Kontrasttöne für warme Nuancen. Grün, zum Beispiel Moos- oder Limonengrün, unterstreicht die gemütliche Wirkung.

Warmes Creme, Schokolade und Olivgrün

Sand und Mauve

Sonnengelb, Lila und Rosa

Braunorange und Schwarz

Dunkelorange und Violett

Pfirsich und Moosgrün

Rosa, Mint und Flieder

Pink und Limone

Rot, Terrakotta und Blau

Lila, Sand und Mint

Aubergine, Moosgrün und Rosa

Schokolade, Terrakotta und Mauve

1 Eine dunkler gestrichene Nischenwand verleiht dem Raum Tiefe. Hier werden dezente warme Farben verwendet – das schafft Behaglichkeit.

Ein Kamin stellt automatisch einen Blickfang im Raum dar – und Kaminzimmer eignen sich perfekt für Anstriche mit warmen, gemütlichen Farben. Fällt wenig Tageslicht ins Wohnzimmer, bieten sich hellere Farben an; dunklere Töne sorgen in großen Räumen für Gemütlichkeit. Interessant wirken Wände in verschiedenen Farben. Die rostrote Einzelwand im Raum auf dem Foto betont den Kamin.

2 Orange war zu Zeiten des Art déco ein besonders beliebtes Stilelement; interessante Akzente wurden durch Rosa und Lila gesetzt.

3 Ein architektonisches Detail wird durch eine warme Farbe, wie hier Ockergelb, zum Blickfang.

4 Hier beeindruckt das harmonische Zusammenspiel mehrerer warmer Farben: vom blassrosa
Teppich bis hin zu den auberginefarbenen Wänden.

5 Die violette Einzelwand würde ohne den Ausgleich
durch Magenta und den Naturholzboden erdrückend wirken.

6 Scharlachrot ist eine klassische Wohnzimmerfar-
be. Hier wird es mit Orange, Weiß und Beige
kombiniert.

7 Das neoklassische Burgunderrot der Wände erhält
durch die dezenten safrangelben und orangen
Farbakzente einen modernen Touch.

8 Hier dominieren zwei starke Farben die Wände:
Safrangelb und kühleres Mauve. Die neutralen
Brauntöne des Fußbodens sorgen für Ausgleich.

9 Das neutrale Farbschema wird durch Akzente in
Orange einladend und gemütlich.

1 Wände in sattem Burgunderrot und dunkelbraune Türen harmonieren mit dem blassrosa Teppich – dunkler dürfte er keinesfalls sein.

2 Ein blutroter Teppich kombiniert mit dunkelorangen Wänden und sandgelben Türen lässt den Raum modern und hell wirken.

3 Blassrosa Wände, ein rosa Teppich und cremefarbene Holzarbeiten sorgen hier für einen frischen, sanften Look.

Empfangen von warmen Farben im Eingangsbereich fühlen sich Besucher sofort willkommen. Oft mangelt es solchen Bereichen an Tageslicht – mit sonnigen Farbtönen lässt sich Abhilfe schaffen. Der Eingangsbereich sollte mit den anliegenden Räumen harmonieren, daher empfehlen sich dezente Töne. Das warme Terrakotta der Wände auf dem Foto passt gut zu den Eichenholztüren. Ein gefliester Fußboden und traditionelle Möbel unterstreichen den klassischen Stil.

4 Warme Cremetöne sind die klassischen Farben für Wände und Fußböden. Hier werden sie durch die dunkelrote Holztreppe aufgepeppt.

5 Rosa wirkt immer freundlich – raffiniert ist hier die Kombination vieler verschiedener Rosatöne. Weiße Böden und Holzarbeiten bilden den nötigen Kontrast.

6 Nuancen in Orange und Pfirsich schaffen eine warme, sonnige Atmosphäre.

7 Ohne den neutralen Teppich und die weißen Holzarbeiten wären die senfgelben Wände erdrückend. So wirken sie elegant und extravagant.

8 Die schokobraunen Holzarbeiten harmonieren mit dem cremefarbenen Teppich; Gelb setzt gewagte Akzente.

9 Das eher neutrale Farbschema wird durch den gemütlichen orangefarbenen Teppich aufgepeppt.

Leuchtende Farben

Mut zu leuchtenden, oft auch stark kontrastierenden Farben zahlt sich aus, denn kräftige Farbakzente können einen Raum zum Strahlen bringen. Dieser auffällige Stil ist nicht jedermanns Sache – aber gut ausbalancierte Farbkombinationen sorgen für fröhliche Stimmung.

Linke Seite: Holzboden und weiße Fußleisten sorgen für den nötigen Ausgleich in diesem lebhaften Ensemble aus knalligen Farben: Orange Wände, rote Stühle, ein mandarinefarbener Hocker neben Sofas in komplementärem Blau – eine mutig moderne Zusammenstellung.

Leuchtende Farben gelten oft als aufdringlich und erdrückend, aber das muss nicht sein. Bunte Blumen, blauer Himmel, frisches Laub – in der Natur wimmelt es nur so von kräftigen Farben, die keinesfalls zu grell wirken. Schon Sonnenkönig Ludwig XIV., indische Maharadschas oder Designer in den psychedelischen 60ern ließen sich davon inspirieren.

Kräftige Farben wirken raumdefinierend, freundlich und energiegeladen. Sie eignen sich perfekt für eine familienfreundliche Umgebung wie Kinderzimmer, Esszimmer und einladende Küchen. Eigentlich lässt sich jeder belebte Raum mit diesen exotischen, gewagten Farbtönen aufheitern, besonders wenn es ihm an natürlichem Licht fehlt.

Wer verhindern will, dass ein leuchtendes Farbschema zu grell wirkt, sollte die Farben trotzdem nicht zu Pastelltönen verwässern. Besser sind Kombinationen mit Weiß oder Naturtönen, die den knalligen Effekt ausbalancieren, aber nicht verderben. Holzarbeiten, Zimmerdecken oder architektonische Details in Weißtönen oder cremefarbene Sofas sorgen beispielsweise für ein entspanndendes Gegengewicht.

Karibisches Flair entsteht durch die Kombination von Naturholzoberflächen mit leuchtenden Farben: Ein heller Holzfußboden, naturbelassene Holzmöbel oder Accessoires aus geöltem Holz vertragen sich beispielsweise besonders gut mit exotischen Farben. Mit geradlinigen, kantigen Möbeln und Glas lässt sich ein gewagt moderner Gesamteindruck erzielen. Dezente Strukturen, zum Beispiel Florteppiche, Baumwolle, Leinen oder natürliche Materialien wie Bambus oder Stein, sorgen für den nötigen Ausgleich. Bollywood-Fans greifen zu Seide, Satin oder Musselin und setzen Akzente mit Gold, Silber oder Pailletten.

Intensive Farben bringen Fröhlichkeit in den grauen Alltag. Die Einrichtung dieser Räume lebt von der Energie klarer, dynamischer Farbtöne. Aber Vorsicht: Ein Übermaß an Accessoires oder dominanten Farben wirkt erdrückend. Besser sind neutrale Töne und Materialien wie Stein, Holz und Leinen. Sie schmeicheln den leuchtenden Wandfarben.

Oben: Beschränkt sich die Intensität einer Leuchtfarbe auf eine einzige Wand, wirkt die Farbe weniger dominant.

Oben: Die pinkfarbene Wand bildet einen mutigen Kontrast zum leuchtendblauen Teppich; stilvolle Accessoires und ein passendes modernes Gemälde runden den Effekt ab.

Oben: Der fantasievolle Einsatz von Orange, Rot und Gelb bringt Wärme in die Küche. Die Kombination mit Weiß sowie silberne Accessoires sorgen für den nötigen Ausgleich.

Links: Das Tomatenrot der Wände wird in den karierten Rollos aufgegriffen. Die verschiedenfarbigen Stühle wirken charmant zwanglos, passen aber dennoch zusammen.

Links: Der Indian-Style entsteht durch tropische Blau- und Limonengrüntöne gepaart mit leuchtendgelben Akzenten.

Farbpalette

Leuchtend bunte Farben erinnern an südamerikanische Fiestas oder indische Märkte. Feurige Rottöne stehen im Zentrum der Palette. Sie wirken anregend und belebend, weshalb sie z. B. oft in Restaurants eingesetzt werden. Jede der Farben wirkt extravagant und auffällig, aber auch raffiniert.

Limone

Hellgelb

Hellrosa

Leuchtendes Orange

Türkis

Violett

Metallisches Blau

Dunkelgrün

Kirschrot

Leuchtendes Rosa

Tiefblau

Zitronengelb

Harmonische Farbschemen

Neben der Kombination mit natürlichen und neutralen Farben gibt es auch andere Variationsmöglichkeiten: Dunklere Töne wie Violett oder Marineblau eignen sich für sonnigere Räume, während Gelbtöne dunkle Bereiche aufhellen. Pink passt gut zu anderen tropischen Farben wie Orange.

Limone und Weiß

Hellgelb und Scharlachrot

Helles Pink und blasses Rosa

Leuchtendes Orange, Fuchsie und Indigo

Türkis und Himmelblau

Violett, Marineblau und Rosa

Metallisches Blau und Lila

Dunkelgrün, Limone und Sand

Kirschrot, Orange und Pfirsich

Leuchtendes Rosa und weichere Rosatöne

Dunkelblau und Mauve

Zitronengelb, Senfgelb und Weiß

Kontrastierende Farbschemen

Leuchtende Kontrastfarben bringen Lebensfreude in lebendige und gesellige Wohnbereiche. Durch einen Mix aus warmen und kalten Farben des Farbkreises (siehe S. 9) können interessante räumliche Effekte entstehen. Solche kontrastreichen Kombinationen wirken frech und fröhlich.

Limone und Rosa

Hellgelb, Türkis und Braun

Helles Rosa, Schwarz und Violett

Leuchtendes Orange und Olivgrün

Türkis und Zitronengelb

Violett und Tannengrün

Metallisches Blau und Orange

Dunkelgrün und Rosa

Kirschrot, Rosa und Grün

Leuchtendes Rosa und Safrangelb

Dunkelblau, Pink und Grau

Zitronengelb und Limone

Ein pinkfarbener Teppich, blassrosa Wände und ein auffällig gemustertes Sofa bestimmen dieses Wohnzimmer im Sixties-Style. Der Marilyn-Monroe-Kunstdruck von Andy Warhol verdeutlicht die grafische Kraft leuchtender Farben, wenn sie einfühlsam kombiniert sind. Die folgenden Variationen zeigen die Einzigartigkeit roter Farbschemen.

1 Die orangefarbene Wand wird zum Bindeglied zwischen den dynamischen Rot- und Gelbtönen.

2 Blaustichige Lila- und Rosatöne auf den Wänden bringen das feurige Rot des Sofas zum Leuchten.

3 Braun bildet die passende Grundlage für das exotische Fuchsienrot des Sofas und die rosa Wände.

4 Harmonisches Orange und Safrangelb an den Wänden bilden den Kontrast zum roten Sofa.

5 Auffällige Muster passen gut zu Leuchtfarben. Für Beruhigung sorgt ein grauer Teppich.

6 Rosa, Lila und Gelb setzen hier peppige und mutige Akzente.

7 Der weiße Boden gleicht die Mandarinen- und Kirschtöne von Sofa und Wänden aus.

8 Hier wurden zwei starke Farben perfekt kombiniert: Schneeweiß und Feuerrot.

9 Weiße Wände und Böden lenken die Aufmerksamkeit auf das Sofa und die orangene Wand.

Essbereiche eignen sich hervorragend für dramatische Farbzusammenstellungen. Während Rot oft formelle Speisezimmer ziert, beleben spritziges Limonengrün und munteres Türkis die entspannte Atmosphäre dieser Essecke. Helle Vorhänge und Naturholz lassen den Raum luftig wirken.

1 Ananasgelb und Grün erzeugen einen frischen, zwanglosen Essbereich; Naturholz und Weiß bilden harmonisierende Kontraste.

2 Blassgelbe Vorhänge und die übrigen weißen Wände verhindern, dass die bananengelbe Einzelwand zu dominant wirkt.

3 Dieses Farbschema ist dramatischer als es auf den ersten Blick scheint: Weiße Wände bilden einen guten Kontrast zu gestreiften Vorhägen in tropischen Farben.

4 In diesem opulent wirkenden Essbereich harmonieren warmes Schokobraun, kühles Türkis und ein romantisches Lila.

5 Das rote Element in diesem Lilaton bringt die nötige Wärme in den Essbereich.

6 Hellgelbe Vorhänge, weiße Wände und ein Naturholzboden schaffen eine zeitgerechte, aber warme Atmosphäre.

7 Das satte Rosa und ein eher klassisches Tannengrün – ein perfekter Mix, der dramatisch wirkt und Understatement ausdrückt.

8 Mandarine und Türkis sorgen hier für spritzige Kontraste; dazu passen die Vorhänge in dunklem Orange.

Küchen mangelt es oft an Farbe – und knallige Töne eignen sich hervorragend für diese zentralen Bereiche, da sie eine lebhafte, fröhliche Atmosphäre schaffen. Starke Farbtöne können die strengen Formen einer modernen Küche betonen. Hier bilden die roten Schränke einen dekorativen Kontrast zu den weißen Wänden, dem glänzenden Edelstahl, der schwarzen Arbeitsplatte und dem Schieferboden.

1 Das helle Blau wirkt sauber und beruhigend, während die dunkleren Töne den Raum sehr klar definieren. Blau-Weiß ist eine klassische Kombination für Küchen und Geschirr.

2 Küche im Retro-Look: Rotgrüne Wände und ein schwarzer Fußboden erinnern an die amerikanischen Diners der 1950er.

3 Die auffälligen orangen und gelben Wände werden durch schlichte Braun- und Beigetöne ausgeglichen. So entsteht ein harmonischer Gesamteindruck.

6 Limonengrün passt hervorragend zu Küchen; hier sorgen royalblaue Schränke für den nötigen Kontrast. Der dunkle Boden beruhigt.

4 Gelb wirkt fröhlich und lebendig. Zusammen mit Weiß sorgt es morgens beim Frühstück für die nötige Frische. Sanfte Beleuchtung lässt es abends weicher wirken.

7 Das dunkle Grün bildet einen starken Kontrast zum strahlenden Weiß von Wänden und Boden – eine frische Kombination.

5 Der dunkle Fußboden schafft eine intime Atmosphäre, die durch die kühlen harmonischen Blautöne ausgeglichen wird.

8 In dieser gemütlichen Familienküche harmonieren die roten Schränke perfekt mit den orangen Wänden.

Mediterrane Träume

In der mediterranen Farbpalette spiegeln sich Meer, Himmel, Sonne und Erde. Alle Blautöne des Meeres und des Himmels verbinden sich mit den zahlreichen Gelbtönen der Sonne und harmonieren perfekt mit warmen Terrakotta- und Orangetönen.

Häuser in Italien und Griechenland sind die Inspirationsquelle für den mediterranen Stil. Mit ihren reflektierenden weißen Außenwänden sollen sie an heißen Sommertagen für Kühlung sorgen; der blaue Anstrich der Holzarbeiten dient als Schutz gegen Insekten. Dieser Look eignet sich aber nicht nur für warme Gegenden, sondern bringt auch sonniges Flair in kältere Gefilde. Die natürlichen Terrakotta- und sonnigen Gelbtöne sorgen das ganze Jahr für Gemütlichkeit. Der mediterrane Stil ist zwar rustikal, kann aber auch sehr elegant wirken.

Blau ist ein wichtiges Element im mediterranen Farbschema, wo es mal als dominante Farbe und mal als Akzent in Azur- oder Türkistönen auftritt. Oft wird es mit Gelb kombiniert, was verspielt und ungezwungen, manchmal aber auch aufregend wirken kann. Den klassischen Hintergrund dafür bilden meist sanfte Terrakottafarben.

Dazu passen erdige Rot-, Orange- und Ockertöne. Der Kontrast zwischen kalten und warmen Farben, zum Beispiel Blau und Terrakotta, ist ein grundlegendes Thema im mediterranen Stil. Diese Kombination schafft kühle Effekte im Sommer und Gemütlichkeit im Winter.

Farben dieser Palette eignen sich gut für verputzte Wände oder Struktureffekte, wie zum Beispiel Schwammtechnik, durch die ein natürlich antiker Look entsteht. Mediterrane Accessoires runden das Bild ab: dunkelgrüne oder blaue Wandkacheln, blau-weißes Geschirr, Terrakottakeramik und Holzschnitzereien.

Typisch für die Möbel sind schmiedeeiserne Elemente, Marmor, Mosaike, einfaches, massives dunkles Holz oder – sofern es das Budget zulässt – verschiedene Antiquitäten aus den Ländern rund um das Mittelmeer. Entsprechende Pflanzen runden das Urlaubsambiente ab.

Linke Seite: Weißgetünchte Wände, Terrakottafliesen, Naturholz und dunkelblaue Fensterläden sind das Hauptthema des mediterranen Stils.

Oben: Zitrusfrüchte, Terrakottakeramik und die weiß-blauen Häuser in Italien und Griechenland sind wunderbare Inspirationsquellen.

Mediterrane Farben schaffen eine entspannte, unge-zwungene Atmosphäre und eignen sich damit bestens für Wohn- und Esszimmer, Küchen oder Hausflure. Blau ist das zentrale Element in fast jeder medi-terranen Raumgestaltung. Es kann sowohl kühl als auch überraschend warm und dynamisch wirken. Kontraste durch Gelb, Rot oder Terrakotta sorgen für eine perfekte Balance. Blumen und Pflanzen sind ideale, einfache Accessoires in mediterranen Räumen. Sie bringen natürliche Farbakzente ein, die sich oft mit dem Wechsel der Jahreszeiten ändern.

Oben: In diesem Wohnzimmer dominiert der Kontrast zwischen elektrischem Blau, der weißen Holzvertäfelung der Wände und dem Naturholzfußboden.

Oben: Dynamisches Blau, auffällige Kunstwerke und Grünpflanzen verleihen der einfachen Sitzecke Raffinesse.

Oben: Blau und Gelb sind in dieser freundlichen Küche perfekt aufeinander abgestimmt. Der Antikeffekt der Schranktüren macht den Look komplett.

Oben: Hier entsteht mediterranes Flair auch ohne Blautöne. Das satte Rotbraun harmoniert gut mit dem dunklen Holz und den Lederpolstern.

Links: Fliesen in mediterranem Stil bilden eine dekorative Einfassung für die Badewanne; die Kombination aus hellem Staubblau und Weiß wirkt erfrischend.

Oben: Orange, leuchtendes Blau und Weiß schaffen eine fröhliche und einladende Atmosphäre.

Oben: Die Rost- und Orangetöne in diesem Wohnzimmer werden durch strahlendes Weiß aufgehellt.

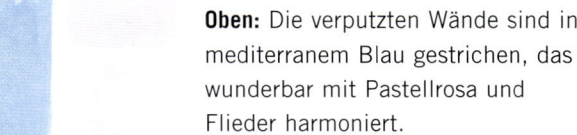

Oben: Die verputzten Wände sind in mediterranem Blau gestrichen, das wunderbar mit Pastellrosa und Flieder harmoniert.

Oben: Durch den Mix aus warmen Farben (Rot, Rosa und Orange) und kalten Tönen (kühler Kontrast zwischen Blau und Weiß) entsteht mediterranes Flair.

Oben: Dieses einladende Zimmer verbindet rustikale Elemente wie Deckenbalken und die offene Feuerstelle mit sanftem Goldgelb und Creme.

Farbpalette

Die mediterrane Farbpalette besteht aus vielen Variationen eines einfachen Themas: Blautöne, Gelb und Terrakotta sowie gebrochenes Weiß. Diese Vier gehören zu den beliebtesten Farbkombinationen, vielleicht weil sie vier typische Elemente miteinander verbinden: Wasser, Luft, Feuer und Erde.

Gebrochenes Weiß

Himmelblau

Meerblau

Terrakotta

Gelb

Orange

Harmonische Farbschemata

Die kräftigen mediterranen Farben brauchen keinen Schnickschnack, um dramatische Effekte zu erzielen. Die einfachen, klaren Farbharmonien, Himmel mit Himmel und Erde mit Erde, sprechen für sich.

Gebrochenes Weiß und blasses Blau

Himmelblau und Tiefblau

Meerblau und Sand

Terrakotta, Rot und Orange

Gelb und Holzbraun

Orange und Zitronengelb

Kontrastierende Farbschemen

Der archetypische mediterrane Stil basiert auf Kontrasten. Ein Mix aus warmen und kalten Tönen – Erde und Himmel – sorgt für perfekten Ausgleich. Türkis oder helles Blau können rostige Braun- und Terrakottatöne aufhellen; schlichtes Blau verträgt Akzente in warmem Rot oder Sonnengelb.

Gebrochenes Weiß, Tiefblau und Orange

Gebrochenes Weiß, Türkis und Ockergelb

Himmelblau und Sonnengelb

Himmelblau, Orange und Eichenholz

Meerblau, Türkis und Orange

Meerblau, Tiefblau und Sand

Terrakotta und Türkis

Terrakotta, Dunkelgrün und Blau

Gelb, Hellblau und Erde

Gelb, blasses Blau und Aqua

Orange und sattes Blau

Orange, Braun und Türkis

1 Das Blau der Einze wand wird in der Kommode wieder aufgegriffen. Die Kissen in dunklem Orange sorgen für einen starken Akzent.

Der mediterrane Stil wirkt zwanglos und einladend, was ihn besonders für Wohnzimmer prädestiniert. Je nach Wahl der Farben lässt sich die Wahrnehmung eines Raumes verändern. Warme Töne treten hervor, während kalte Farben zurücktreten. Der einladende Wohnbereich auf dem Foto kombiniert warmes Gelb auf den Wänden mit einem cremefarbenen Sofa und beigefarbenem Teppich. Die Kommode aus dunklem Holz macht den Look komplett.

2 Hier entsteht eine erfrischende Kombination aus traditionellen Terrakottatönen, leuchtendem Weiß und dezentem Blau.

3 Plakative weiße Wände bilden den Hintergrund für das rostfarbene Kissen und die blauen Möbel.

4 Sonnengelb wird mit erdigen Brauntönen kombiniert; die blaue Kommode bildet einen dekorativen Kontrast.

5 Terrakottafarbener Boden zu tiefblauen Wänden; das weiße Sofa und die himmelblauen Kissen werden zum Blickfang.

6 Die harmonische Kombination aus Türkis und Weiß lässt an griechische Inseln denken.

7 Meerblaue Wände und Akzente durch rote Kissen; der braune Teppich wird durch das weiße Sofa aufgehellt.

8 Der Raum erscheint größer als er ist: weiße Wände lenken den Blick vom meerblauen Teppich nach oben.

9 Das terrakottafarbene Sofa wird in diesem kühlen blau-weißen Raum zum Blickfang.

Hier zeigt sich die wichtige Rolle von Weiß in mediterranen Farbkompositionen. Es kann sowohl den Hintergrund für kühlendes Sommerflair als auch einen starken Akzent zu erdigen Braun-, Rot- oder Gelbtönen darstellen. Im Wohnzimmer auf dem Foto entsteht durch den Kontrast zwischen Tiefblau und Weiß ein monochromes Farbschema. Das Ganze wirkt freundlich und einladend.

1 Die beruhigend wirkenden Blautöne lassen sich gut kombinieren. Hier werden sie mit terrakottafarbenen Kissen in weißer Umgebung in Szene gesetzt.

2 Die untere Hälfte des Zimmers, die in Braun- und Terrakottatönen gehalten ist, symbolisiert die Erde; himmelblaue Wände lenken den Blick nach oben.

3 Das Weiß von Boden und Sofa steht in Kontrast zum warmen Terrakotta und türkisen Akzenten.

4 Hier wird die Kombination aus Weiß und Himmel-blautönen mit fröhlichen, sonnengelben Kissen aufgepeppt.

5 Die Orange- und Terrakottatöne wirken einladend; das weiße Sofa mit den gelben Kissen wird zum Blickfang.

6 Das Türkis der Möbel und das Weiß von Wänden und Boden sorgen für sommerliche Stimmung.

7 Ein fuchsienrotes Sofa kann schnell zu dominant wirken; hier wird es jedoch durch andere starke Farben ausgeglichen. Das Weiß wirkt verbindend.

8 Zwei Blautöne kombiniert mit zwei Orangetönen ergeben einen geschmackvollen, entspannten Gesamteindruck.

9 Weiß ist hier die Grundfarbe. Akzente in Aqua, Gelb und Orange beleben das Gesamtbild.

Exotisches Flair

Tropische, asiatische und orientalische Farbkompositionen geben bei exotischen Stilrichtungen den Ton an. Ob elegant, verspielt oder dramatisch – entscheidend ist immer die Farbfülle, kombiniert mit einem Hauch von Luxus in Einrichtung und Accessoires.

Linke Seite: Ein Zimmer wie in einem orientalischen Palast: Prächtige, bunte Kissen in Limonengrün, Safrangelb, Karminrot und Violett bilden einen attraktiven Kontrast zum strahlenden Goldton der Wände. Seidige Stoffe und luxuriöse Accessoires lassen den Raum opulent wirken.

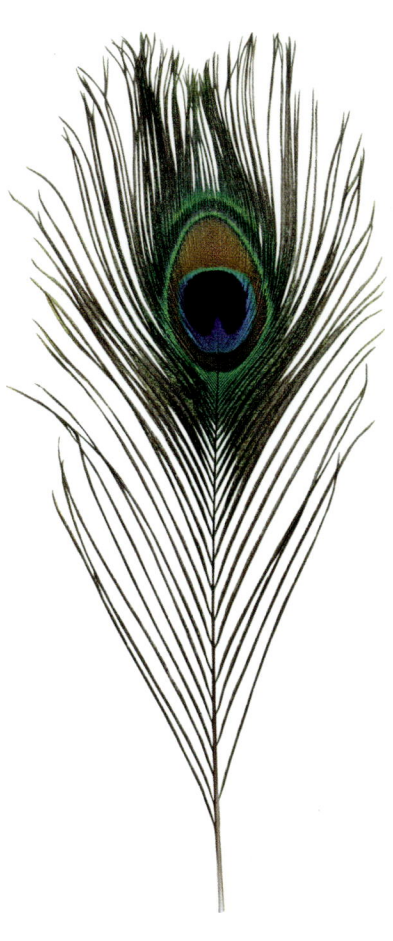

Es gibt diverse Farbschemen, die sich als „exotisch" beschreiben lassen: von dezenten japanischen Naturtönen bis hin zu den leuchtend bunten Farben der Karibik. Dieses Kapitel soll zum Experimentieren mit exotischen Nuancen anregen und bei deren Abstimmung auf die Einrichtung helfen.

Ausdruckskraft und Fülle bestimmen alle exotischen Farbschemen. Werden sie allerdings ohne Bezug zu anderen Elementen im Raum verwendet, können sie erdrückend wirken. Daher sollte man sich zunächst genau überlegen, ob der Stil des Zimmers und der bereits vorhandenen Einrichtung zum gewünschten Look passt. Ein mit vielen Details ausgeschmücktes Wohnzimmer könnte von einem marokkanischen Farbschema profitieren, während eine moderne Küche oder ein Esszimmer ideal für leuchtende mexikanische Farben geeignet sind. Grelle indische Farben könnten hingegen in einem schlichten, modernen Schlafzimmer unpassend wirken. Aber ganz gleich, welche Farbwelt Sie auch wählen: Accessoires und Einrichtung sollten konsequent darauf abgestimmt sein.

Eine schlichte japanische Farbkombination aus Creme, Braun und Indigoblau harmoniert wunderbar mit den einfachen, klaren Linien einer Einrichtung im japanischen Stil. Muster sind hier eher ungünstig; stattdessen sollte bei Teppichen, Kissen und Vorhängen auf Struktur geachtet werden. Die Accessoires sollten ebenfalls schlicht gestaltet sein.

Im Gegensatz dazu unterstreicht man ein indisches Farbschema aus Safran, Karminrot und Steingrau mit vielen Details in Accessoires und Heimtextilien. Auffällige Muster zieren Teppiche, Seide, Damast oder Musselin. Accessoires aus Messing, Holzschnitzereien, Kacheln und Spiegel komplettieren den Look.

Diese Bilder geben Anregungen für exotische Gestaltungsmöglichkeiten. Im Mittelpunkt stehen dabei starke, dynamische Farben, oft in Kombination mit Tönen desselben intensiven Farbwerts. Die Möbel sind kunstvoll verziert; Accessoires und Heimtextilien unterstreichen den Look: Keramik und Holzschnitzereien betonen den chinesischen Stil, Marmor und Metall passen in marokkanisches Ambiente. Alle Räume wirken einladend, aber auch auf faszinierende Weise komplex und opulent.

Oben: Mit Schränken in Lack-Optik, geschmackvoll ausgesuchten Accessoires und aquafarbenen Wänden erinnert dieser Flur an chinesische Innenarchitektur.

Oben: Dieses Wohnzimmer erhält durch warme scharlachrote Wände, üppige Muster auf Sofa und Teppich sowie holzgeschnitzte Möbel indisches Flair.

Oben: Dieser im marokkanischen Stil gestaltete Wohnbereich spielt mit Farbharmonien aus Violett, Scharlachrot und Fuchsienrot. Die Accessoires und Möbel wirken luxuriös.

Oben: Dieses gold-blaue Schlafzimmer im Regency-Stil zeigt eine als Chinoiserie bekannte Gestaltungsvariante.

Oben: Badezimmer eignen sich gut für Experimente mit exotischen Akzenten. Goldene Wände, Marmor und Metall vermitteln den Eindruck eines orientalischen Palastes.

Oben: Der starke Kontrast zwischen Flieder und Dunkelgrün sorgt in diesem Schlafzimmer für karibisches Flair.

Oben: Dieses im asiatischen Stil gestaltete Wohnzimmer verbindet Gold und Türkis auf charmante Weise.

Oben: Küchen sind ideal für karibische Farbkombinationen. Ein natürlicher Steinfußboden verhindert, dass Ananasgelb und Waldgrün zu grell wirken.

Oben: Exotische Farbwelten müssen nicht aufwändig sein. Hier entsteht orientalisches Flair durch den einfachen, aber kräftigen Kontrast aus Fuchsienrot und Tiefblau.

Oben: Rot und Schwarz sind Klassiker für den chinesischen Stil, der hier durch dunkle Möbel und entsprechende Accessoires unterstrichen wird.

Mexikanisch

Von den bunten Gebäuden der Azteken und Mayas zu den leuchtend blauen und roten Haciendas der spani-
schen Kolonialzeit: Mexiko präsentierte sich immer schon als ein Land der Farben. Mexikanische Farben sind
frisch, von Laubgrün bis hin zu spritzigen Gelb- und Orangetönen. Terrakotta und Blau sind klassische Kombinationen. Sie treten oft in Verbindung mit gedeckten Ockertönen auf, die an ursprüngliche, natürliche
Farbstoffe erinnern. Angesichts der leuchtenden Töne stellt Weiß einen schönen Akzent dar.

Sattes Rot mit dunklem Orange

Elektrisches Blau mit Pink

Indigoblau mit Türkis

Moosgrün und Waldgrün

Dunkelblau mit hellbräunlichem Orange

Gebrochenes Weiß, leuchtendes Blau und rötliches Ocker

Persisch

Die persische Farbpalette kombiniert vibrierende leuchtende Farben mit den warmen Tönen von Zimt und Paprika. Blau ist ein wesentliches Element. Es wird für Türen und Fensterläden verwendet und vermittelt Authentizität. Die Farben von Steinen, Sand oder Straßen wirken eher beruhigend, während durch aussagekräftige Kontraste, zum Beispiel zwischen Rot und Blau, ein gewagter Look entsteht. Als Accessoires eignen sich Kacheln, Töpferwaren, Metallarbeiten und reich gemusterte türkische Teppiche.

Helles Blau, Weiß und Türkis

Blassbraun und Senfgelb

Tiefblau, Scharlachrot und Gold

Blassblau, Laubgrün und Gold

Helles Blau und bräunliches Orange

Tiefblau, Steingrau und Safrangelb

Indisch

Indien sprüht geradezu vor Farben: kunterbunte Saris, pastellfarbene Turbane, Gewürze auf den Märkten und leuchtende Edelsteine wie Rubine, Smaragde, Saphire und Topase. Starke Farben lassen sich mit anderen ähnlich starken Farbtönen ausgleichen, zum Beispiel Blutrot mit Hellblau (siehe unten). Sie lassen sich auch in Gruppen zusammenstellen wie Rot, Safran oder Orange. Bei den Accessoires gilt die Regel „weniger ist mehr" ausnahmsweise nicht: Schwelgen Sie in Gold, Silber, Messing, Spiegeln und Pailletten.

Korallenrosa und Blau

Safrangelb, Scharlachrot und Orange

Türkis und Gold

Blutrot, Hellblau und Weiß

Rot, Orange und Olivgrün

Tiefviolett, Marineblau und Limonengrün

Karibisch

Diese Farbpalette wirkt wie ein Korb tropischer Früchte: Zitronen, Limonen, Bananen, Ananas, Orangen oder Granatäpfel. Diese lebhaften Farben lassen sich mit vielen Blauschattierungen kombinieren, von Tiefblau über Aquamarin bis hin zum Türkis einer tropischen Lagune. Sie wirken strahlend, aber nicht übertrieben, sanft und erfrischend. Unlackiertes Holz passt gut in dieses Schema, ebenso natürliche Materialien wie Stein und Sisal.

Limonengrün und Meerblau

Zitronengelb und bräunliches Orange

Pastellblau und Türkis

Tiefgrün und Hellblau

Pink und Korallenrosa

Bananengelb und Moosgrün

Chinesisch

Die chinesische Farbpalette wird von intensiven, aber klaren Farben bestimmt. In diesem aufwändigen Stil wird Wärme durch leuchtende Farben erzeugt, die bei den Chinesen eine starke Symbolkraft besitzen. Nach dem Prinzip von Yin und Yang ist Schwarz eine weibliche Farbe, die für Wiedergeburt steht, während das männliche Rot Selbstdarstellung ausdrückt. Die gut ausbalancierten Farben vermitteln ein Gefühl von Kontrolle und Harmonie und eignen sich somit auch für modern gestaltete Räume. Gebrochenes Weiß, Perlgrau und Gold dienen als Akzentfarben; passende Accessoires bestehen aus Porzellan, Seide oder dunklem Holz.

Schwarz, Scharlachrot und Walnuss

Schwarz und Gold

Hellblau und Silber

Rot und Gold

Rot, Dunkelbraun und Lila

Marineblau, Gelb und Türkis

Japanisch

Diese Palette enthält viele dezente Neutraltöne wie sanftes Graugrün, Creme und Blassbraun. Der Stil wirkt edel, ausgeglichen und harmonisch; Schwarz, Weiß und Grau sorgen für dezente Kontraste. Solche gedeckten Töne nehmen starke Farben wie Rot und traditionelles Indigo etwas zurück. Oft beschränken sich Farbschemen auf wenige Farben, wodurch komplexe Strukturen in den Mittelpunkt rücken. Die Accessoires bestehen aus feinen Stoffen wie Leinen und Seide oder aus organischen Materialien wie Stein, Papier oder Bambus.

Dunkelbraun und Blassgrau

Grau und Olivgrün

Sand und Blassbraun

Indigo, Taubengrau und Stahlgrau

Beige, Schokolade und Blassblau

Rot, Steingrau und Mahagoni

Ein exotisch gestaltetes Schlafzimmer wirkt immer extravagant. Da Schlafzimmer in erster Linie der Erholung und Entspannung dienen, empfiehlt sich ein Ausgleich durch ruhigere, dezente Töne. In dem gemütlichen, femininen Raum auf dem Foto wird ein chinesisches Schema aus Gold und Holz mit einer schwarz lackierten Kommode im orientalischen Stil kombiniert. Die Opulenz und Weiblichkeit fernöstlicher Farbkombinationen eignen sich hervorragend für einladende Ruheräume mit dem Charme eines Boudoirs.

1 Dieses Schlafzimmer im China-Look verströmt feminines Flair. Das opulente Jadegrün der Wände harmoniert mit dem warmen Naturbraun des Holzes.

2 Die goldene Tagesdecke und die smaragdgrünen Wände sorgen für luxuriöse Akzente in orientalischem Stil.

3 In diesem japanischen Raum harmonieren goldene Wände mit dunklem Holz.

4 Dieses Schlafzimmer im marokkanischen Stil besticht durch weiße Wände, eine blaue Tür und eine tiefblaue Tagesdecke.

5 Chinesischer Klassiker: Rot und Schwarz symbolisieren die Vereinigung von Yin und Yang und bilden einen spannungsreichen Kontrast.

6 Hier dominieren Blau und Pink den mexikanischen Stil.

7 Die Kombination aus dunkelroten Wänden und olivgrüner Bettdecke verbreiten in diesem Ruheraum indisches Flair.

8 Schwarz und Gold sind typisch für den chinesischen Stil. Die violette Tagesdecke bildet einen charmanten Kontrast.

9 Der marokkanisch gestaltete Raum ist in Blassbraun, Smaragdgrün und Gold gehalten.

Chinesische Kalligrafie und eine Buddhastatue sind die perfekten Accessoires für dieses Wohnzimmer im asiatischen Look. Solche Lieblingsstücke können als Grundlage für Farbkombinationen dienen und z. B. durch eine dezente Wahl Kunstwerke in den Raummittelpunkt rücken. Hier lenken die neutralen Creme- und Blassbrauntöne die Aufmerksamkeit auf die Symmetrie des Stylings. Eine ausgewogene Farbbalance spielt dabei eine zentrale Rolle.

1 In diesem Schema dominieren leuchtendes Rot und schwarze Möbel. Der weiße Teppich sorgt für Helligkeit.

2 Diese japanische Farbkombination aus neutralen Kaffee- und Olivtönen wird durch indigoblaue Stühle aufgeheitert.

3 Jadegrüne Wände stehen in attraktivem Kontrast zu dem roten Stuhl und den silbernen Accessoires. Die Farbbalance wirkt trotzdem ausgewogen.

4 Typisch exotisch: Jadegrün und Gold werden durch den Bambuston der Stühle ausgeglichen.

5 Natürliche Olivgrün- und Scharlachrottöne sorgen für farbige Akzente in diesem japanisch gestalteten Raum mit seinen steingrauen Wänden.

6 In diesem Zusammenspiel aus Beige-, Milchkaffee- und Brauntönen sorgt leuchtendes Rot für einen belebenden Kontrast.

7 Rot und Gold bilden einen dramatischen Kontrast zu den himmelblauen Wänden.

1 Dieser einladende Raum wird durch mexikanische Farben wie elektrisches Blau und Pink bestimmt.

2 Hier entsteht durch frisches Bananengelb und Limonengrün ein karibischer Eindruck.

Hier zeigt sich, wie Geschirr und Tischdekoration harmonisch in die Gestaltung eines Essbereichs integriert werden können. Esszimmer eignen sich optimal für lebhafte, karibische Nuancen, warme, knallige mexikanische Farben oder die opulenten Töne des Orients. Dieser schlichte Essbereich erhält allein durch die warmen, paprikaroten Wände ein indisches Flair.

3 Dunkles Holz, Scharlachrot und Orange erzeugen indische Stimmung.

4 Der Kontrast zwischen hellem Blau und dunklem Holz bestimmt das Grundthema dieses Essbereichs.

7 Die rostbraunen Wände harmonieren perfekt mit dem Braun der Möbel im marokkanischen Stil.

5 Die indische Farbpalette spielt oft mit starken Kontrasten wie Safran, Fuchsie und Limone.

8 Karibisches Korallenrosa und helles Holz schaffen eine freundliche, gesellige Atmosphäre.

6 In diesem japanischen Schema wird Blassgrau mit natürlichen Indigo- und Olivtönen kombiniert.

9 Hier vermitteln Gold und Laubgrün sowie Neutral- und Blautöne einen Hauch von Nahost.

Moderner Stil

Der moderne Stil zeichnet sich durch klare Linien und eine faszinierende Schlichtheit aus. So wird der Blick auf plastische Details gelenkt. Die Farbpalette, bestehend aus Weiß, Grau und hellen Naturtönen, unterstreicht den puristischen Look.

Linke Seite: Weiß sorgt für dramatische Effekte und lässt den auffälligen, ausgefallenen Stuhl zum Blickpunkt in diesem Dachschlafzimmer avancieren.

Typisch für diesen Stil ist pures und schlichtes Understatement. Weiß dient dabei als Grundfarbe: Strahlendes Weiß akzentuiert das Licht in einem Raum; Nuancen von gebrochenem Weiß verhindern, dass der Look zu steril wirkt. Weiß steht für Ruhe, Frische und Purismus, betont aber auch Licht und Schatten, sodass es sich perfekt als Hintergrund für architektonische Details wie Stuck oder Kamine anbietet. Zudem hebt es Accessoires wie Vasen, Bilderrahmen und Lampen hervor.

Dezente Neutraltöne spielen eine wichtige Rolle als Hintergrund für Texturen, Möbel oder Accessoires. Neutrale Farben sind ausgesprochen praktisch für Familien mit Kindern: sie sind unempfindlich gegenüber Flecken und passen sich gut an andere Raumelemente an.

Dazu kann man jede kräftige Farbe kombinieren. Leuchtende, auffällige Akzente sorgen für Pep und Vitalität. Keine Angst vor Schwarz – es definiert Formen und Raum. Pastellfarben und allzu niedliche Akzentfarben sollten dagegen vermieden werden. Besser eignen sich kräftige, überraschende Kontrasttöne wie Türkis, Erbsengrün oder Violett. Strukturen wie zum Beispiel ein antik wirkender Gipsputz können einen Anstrich interessanter machen.

Der moderne Stil soll die glatten, klaren Linien von Möbeln und Architektur betonen. Dazu passen keine Rüschen, Falten, Fransen oder Troddeln. Heimtextilien sollten eher plakativ wirken, z. B. durch Animal-Print oder geometrische Muster, und sie brauchen Raum – ähnlich wie Ausstellungsstücke. Ein Mix verschiedener Texturen macht die Einrichtung interessant, etwa der Flor eines Teppichs oder die Webart eines Leinenvorhangs. Accessoires aus Glas, Metall, Stein oder sogar Plastik komplettieren den Look.

In diesen Räumen wird plakative Farbe mit interessanten architektonischen Details wie einem Kamin oder einer Treppe kombiniert. Die sauberen, klaren Linien von funktionellem Design werden betont. Geschmackvolle Accessoires – eine auffällige Lampe oder eine überdimensionale Vase – geraten zu Blickfängen. Allerdings steht hier nicht nur das Design im Mittelpunkt; die Räume sollen auch bequem und benutzerfreundlich sein. Deshalb empfiehlt es sich die Farben optimal auf die Räumlichkeiten und deren Funktion abzustimmen.

Oben: Schwarz wurde hier eingesetzt, um den ungewöhnlichen Raum zu betonen. Blumen akzentuieren die moderne Einrichtung, lassen sie aber auch weicher erscheinen.

Oben: In diesem weiß gestrichenen Essbereich wird der Blick sofort auf die auffälligen bunten Stühle gelenkt, die die Funktion des Raumes unterstreichen.

Oben: Dieser einladende Sessel peppt das ansonsten neutrale Farbschema aus Weiß und Naturholz auf.

Oben: Das Farbschema dieser Küche ist so dezent, dass man es kaum wahrnimmt. Schwarze und weiße Fliesen, weiße Wände, dunkles Holz und Stahl wirken elegant.

Oben: Linienführung kann zum wichtigsten Element einer modernen Einrichtung werden, wie dieser wohlproportionierte Kamin beweist. Natürliche Materialien wie Steine und ein Holzfußboden kontrastieren mit den eisblauen Wänden.

Links: Diese Küche verdeutlicht den dramatischen Effekt eines geschmackvollen, aber überraschenden Farbtons. Das Blau passt gut zum Braunorange des angrenzenden Zimmers.

Oben: Moderner Stil muss nicht ungemütlich wirken. Hier wurden korallenrote Wände mit einem fuchsienroten Sofa und klobigen Möbeln kombiniert.

Oben: Hier dominiert der überraschende Kontrast zwischen Fuchsienrot und hellem Gelb vor weißen Wänden.

Oben: Die dekorative Wirkung von Grau wird oft unterschätzt: Hier sorgt es zusammen mit leuchtenden Farben wie Blau, Rosa oder Limone für ein charmantes, lebhaftes Ambiente.

Oben: Auffälliges Violett mit schlichtem Holz und Metall dominieren diesen modernen Essbereich.

Oben: Modernes Styling profitiert von architektonischen Details wie diesem Treppenaufgang. Die Wandfarben bilden einen idealen Hintergrund.

Oben: Die ungewöhnliche Sitzecke in diesem offenen weißen Wohnbereich wirkt durch ihre weichen Linien und die warmen satten Rot- und Blautöne einladend.

Oben: Verschiedene Blautöne sind Klassiker für modernes Design; extravagante Flieder- und Mauvetöne geben diesem Schlafzimmer einen femininen Anstrich.

Oben: Grau und Weiß sind eine elegante Kombination. Die blanken Metallbeine der Möbel betonen den Look.

Oben: Ein cleverer Mix aus Blau- und Grüntönen wirkt natürlich und betont gleichzeitig die verschiedenen Formen und Linien dieser dekorativen Küche.

Rechts: Meliertes Dunkelgrau bildet einen starken Hintergrund für das kurvenförmige Sofa, die Skulptur und das Bild.

Farbpalette

Die moderne Farbpalette enthält viele Neutraltöne, aber auch auffällige Akzentfarben. Die Farbnuancen sollten ein wenig überraschend wirken: ein Grün in Richtung Erbse, ein burgunderartiges Braun, ein Grau, das je nach Licht blau oder schwarz wirkt. Ohne solche Akzente brauchen moderne Farben dezente Strukturen, um nicht zu langweilig zu wirken.

Gebrochenes Weiß

Blassbraun

Grau

Creme

Gelb

Türkis

Grün

Burgunderrot

Violett

Rot

Rosa

Sattes Blau

Harmonische Farbschemen

Experimente mit den Proportionen dieser harmonischen Schemen lohnen sich. Zu gleichen Teilen verwendet, erzeugen die Farben eine erstaunliche Balance. Alternativ schafft man einen neutralen Hintergrund und setzt hier und da Akzente in einem leuchtenden Farbton.

Gebrochenes Weiß und Braun

Blassbraun und Olivgrün

Grau und Royalblau

Creme und Blau

Gelb und Walnuss

Türkis und Marineblau

Grün, Braun und Creme

Burgunderrot und Rosa

Violett und Pink

Rot und Creme

Rosa und Schokobraun

Sattes Blau und Himmelblau

Kontrastierende Farbschemen

Mit den Farben dieser Palette setzt man gewagte Statements. Der im modernen Stil übliche neutrale Hintergrund kann durch kleinere, unterschiedliche Kontrasttöne bei den Heimtextilien und Accessoires aufgepeppt werden. Wer Mut beweisen will, der streicht vielleicht ein oder zwei Einzelwände in Kontrastfarben.

Gebrochenes Weiß und Schwarz

Blassbraun, Tiefblau und Scharlachrot

Grau, Rosa und Gelb

Creme, Braun und Limonengrün

Gelb und Flieder

Türkis und Rosa

Grün und Rot

Burgunder und Grün

Violett und Orange

Rot, Schwarz und Orange

Rosa und Erbsengrün

Tiefblau und Pink

Moderne Farbwelten eignen sich hervorragend für Wohnzimmer. Die Neutraltöne erweisen sich dabei als praktisch und strapazierfähig; Akzente in Leuchttönen sorgen für Wärme und Vitalität. Kissen sind geradezu prädestiniert für Experimente mit Akzentfarben. Der Raum auf dem Foto ist im klassischen modernen Stil gehalten; Neutraltöne suggerieren zurückhaltendes Understatement. Einfache, klare Accessoires komplettieren den Look.

1 Die tiefblaue Einzelwand ist zwar gewagt, doch die auffälligen, limonengrünen Kissen lenken etwas ab und schaffen so den nötigen Ausgleich.

2 Die grauen Wände wirken durch das gemütliche royalblaue Sofa warm und einladend.

3 Rot und Schwarz bilden einen auffälligen, kräftigen
Kontrast vor dem Hintergrund der hellen Neutraltöne.

6 Gelb und blasses Blau passen gut zusammen. Eine
gelbe Einzelwand lenkt den Blick auf den Kamin.

4 Ein klares Statement: Die eindrucksvolle Kombination
aus Neutralfarben, Schwarz und Weiß wirkt scuverän.

7 Kissen in Silber und Gold werden in der Kulisse aus
Weiß, Schwarz und Grau zum opulenten Blickfang.

5 Dieser maskulin wirkende Raum lebt von auffälligen
Farbakzenten vor einem weißen Hintergrund.

8 Hier entsteht durch den Kontrast von Royalblau und
warmen Rotbrauntönen am Boden ein moderner Look.

1 Grüne und gelbe Kissen verleihen dem klassischen monochromen Schema aus Weiß und Blau Komplexität.

2 Rote und violette Kissen sowie eine kirschrote Bettdecke peppen diesen beigen Raum auf.

Schlafzimmer sollen Ruhe ausstrahlen, aber nicht steril wirken. Deshalb spielen entspannende Farben und interessante Texturen eine wichtige Rolle. Durch das große Fenster ist dieser Raum sehr hell; feine, weiche Stoffe sorgen für Ausgleich. Das Zitronengelb der Kissen hebt sich überraschend offensiv von den lebhaften Pink- und Blautönen ab.

3 Neutraltöne bilden den Hintergrund für das auffällige Bettzeug und die orangefarbene Einzelwand.

4 Dieses maskuline Farbschema aus Marineblau, Grau und Schwarz bestimmt das Ambiente des Schlafzimmers; leuchtendes Gelb sorgt für Akzente.

7 Die leuchtend violette Einzelwand und die laub-grüne Tagesdecke werden vor dem neutralen Hintergrund aus Brauntönen zum Blickfang.

5 Dieses auffällige Schema lebt von überraschenden Kontrasten. Die pinkfarbene Einzelwand hebt sich eindrucksvoll von den übrigen weißen Wänden ab.

8 Blau und Violett werden mit kühleren Neutral-farben kombiniert. Das lenkt die Aufmerksamkeit aufs Bett.

6 Ein feminines Farbschema aus Türks, Blau und Flieder wird mit Neutraltönen gemixt.

9 Textilien in Smaragdgrün und Saphirblau werten die blassen Cremetöne und das helle Holz auf.

In kontrastierenden Farben gestrichene Wände sind ein beliebtes modernes Stilmittel, das interessant wirkt und für Tiefe sorgt. Diese moderne Küche bietet sich mit ihren klaren Linien für Experimente im modernen Stil an. Matte Fronten in Flieder, Grün und Terrakotta schaffen ein warmes, modernes Ambiente.

1 Der starke Kontrast zwischen Rot und Schwarz wird durch Schattierungen von Grau und Pfirsich ausgeglichen.

2 Überraschungseffekt: Limonengrüne Stühle inmitten eines ansonsten schlichten mediterranen Schemas aus Terrakotta- und Blautönen.

3 Oliv- und mintgrüne Wände bilden einen erfrischenden Kontrast zu den auffälligen violetten Stühlen.

4 Die hellen Gelbtöne der Wände heben sich vom schwarzen Fußboden ab, während der royalblaue Tresen einen farblichen Akzent darstellt.

5 Warme Farben – Terrakotta, Orange und Gelb – werden mit beruhigendem, gebrochenem Weiß kombiniert.

6 Der Boden in Schachbrettmuster verleiht diesem neutralen Schema Struktur; Rot sorgt für Akzente.

7 Rosa und Rot stellen eine ungewöhnliche und gewagte Kombination dar; den Hintergrund bilden hier Neutraltöne.

8 Neutraltöne und der dezente Kontrast von Korallenrosa und blassem Limonengrün sorgen in diesem Raum für Frische.

9 Violett und Orange bilden eine spritzige Kombination vor einem neutralen Hintergrund.

Antikfarben

In historischen Gebäuden stellen Antikfarben eine Verbindung zur Geschichte her und unterstreichen den ursprünglichen Charakter. In modernen Bauwerken können sie hingegen – gefühlvoll eingesetzt – ein ganz neues Gefühl von Identität und Tiefe vermitteln.

Linke Seite: Zwei benachbarte Räume dieses bezaubernden Hauses aus dem 19. Jahrhundert sind in viktorianischen Burgunder- und Pfirsichtönen gestrichen. Blumenmuster zieren die samtigen Heimtextilien.

Viele stimmen die Inneneinrichtung ihres Zuhauses auf die Epoche ab, in der es gebaut wurde, um den architektonischen Stil bestmöglich zu unterstreichen. Wer aber – wie die meisten – in einem moderneren Haus lebt, kann mit Antikfarben für dekorative Akzente sorgen. Ein einzelner Raum mit historischem Farbflair kann zum Beispiel in einem solchen Haus sehr interessant wirken.

Antikfarben werden immer beliebter, was sich auch in der großen Auswahl an „historischen Farben" zeigt, die derzeit erhältlich sind. Diese neuen Produkte stellen nur eine Annäherung an historische Töne dar, werden sie doch synthetisch erzeugt und auf „alt" getrimmt. So sind sie leichter zu handhaben und haltbarer. Der Fachhandel hält zumeist ein breites Spektrum an Farbmustern bereit, die einen Überblick über das Angebot ermöglichen.

Dieses Kapitel beschäftigt sich mit Farbtrends von den alten Griechen bis zu den minimalistischen 1990ern mit Schwerpunkt auf den letzten zweihundert Jahren. Im letzten Jahrhundert hat sich der Farbgeschmack genauso schnell gewandelt wie die Mode. Und auch, wenn man sich sicher scheint, auf eintönige Bauhaus- oder grelle 70er-Jahre-Farben genauso verzichten zu können wie auf Mode aus den 20ern, so sollte man die Palette der antik anmutenden Farben nicht voreilig außer Acht lassen. Denn auch diese Farben können für überraschende und interessante Effekte sorgen – besonders in einem modernen Ambiente. Dazu muss nicht gleich ein kompletter Raum in einer Antikfarbe gestrichen werden, häufig reichen bewusst gesetzte, einzelne Akzente aus. Antikfarben eignen sich dabei hervorragend für verschiedene, auch ausgefallenere Anstrichtechniken.

Weist ein Gebäude besondere architektonische oder dekorative Merkmale auf, lassen sich diese durch eine gezielte Farbwahl attraktiv betonen. Besonders ursprünglich wirkt es, wenn dem Stil oder der Epoche entsprechende Farbtöne zum Einsatz kommen. Doch auch der Stil von Möbeln lässt sich hervorheben, indem man Wandfarben wählt, die dem Zeitgeist der entsprechenden Epoche entsprechen. Die folgenden Bilder zeigen Beispiele für einen Mix aus authentischen antiken Elementen und dem fantasievollen Einsatz historischer Farben.

Oben: Dieser einfache Raum mit Holzausstattung bedient sich einer Farbpalette im Shaker-Stil. Matte Grüntöne, Marineblau und Burgunderrot harmonieren vor cremefarbenen Wänden.

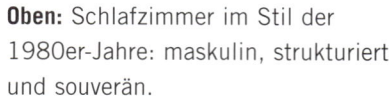

Oben: Schlafzimmer im Stil der 1980er-Jahre: maskulin, strukturiert und souverän.

Oben: Die Gold-, Stein- und satten Brauntöne dieses Raums wirken wie eine Hommage an das alte Rom. Das Ambiente ist opulent, erscheint aber natürlich.

Links: Dieser symmetrisch komponierte Raum ist ganz in den Farben der amerikanischen Kolonialzeit gehalten: mattes Rot und Waldgrün zusammen mit Creme.

Unten: Das georgische Rosa der Wände harmoniert mit Teppich und Vorhängen.

Oben: Dieses sehr einfache Farbschema aus Creme und Grün in Kombination mit dem naturbelassenen Holzboden erinnert an die amerikanische Kolonialzeit des 18. Jahrhunderts.

Unten: Die schlichte Eleganz des schwedischen Neoklassizismus: mattes Grün vor weißem Hintergrund.

Unten: Die leuchtenden Farben und Kunststoffoberflächen eines amerikanischen Diners im Stil der 1950er und passende Bilder beleben diese kleine Frühstücksecke perfekt.

Links: Grün war im georgischen England eine ausgesprochen beliebte Farbe. Hier setzt ein einzelner Stuhl einen kraftvollen, deutlichen Akzent innerhalb der hellen Umgebungsflächen.

Oben: Im Rokoko stand Gold im Mittelpunkt der Farbpalette. In diesem Schlafzimmer wurde es mit Bordeaux kombiniert.

Links: Der italienische Neoklassizismus des späten 18. Jahrhunderts kombinierte sanfte Neutraltöne mit massiven Möbeln, edlen Stoffen und goldenen Accessoires.

Farbpalette

Frühe Malereien basierten auf natürlichen Pigmenten und wirkten so eher erdverbunden wie die Terrakottatöne der alten Griechen und Römer. Nach der Renaissance, als die Farbproduktion unter die Regie der Maler- und Anstreichergilden geriet, erweiterte sich das Farbspektrum vor allem auch in der Wohnraumgestaltung. Seitdem hat jede Ära ihre Lieblingstöne wie Grün bei den Georgiern oder Violett im Barock.

Antikes Griechenland

Terrakotta und Rußschwarz

Leuchtendes Blau, rötliches Ocker und Steingrau

Gold, Fleischfarben und Lehmfarben

Steingrau, Braun und Rot

Antikes Rom

Sand, Rost und Blaugrau

Gold, Scharlachrot und Grau

Mittelalter

Waidblau, Creme und Gold

Dunkelrot, Steingrau und Rost

Karminrot, gesättigtes Grün und Gold

Burgunder, Nelkenrosa und Silber

Gelb, Braun und Krapprot

Tiefblau, Türkis und Braun

Europäisches Barock 1600 - 1750

Violett und gelber Ocker

Indigoblau und Tiefblau

Rot und Gold

Dunkelgrün, Braun und Gold

Georgische Periode (England) 1714 - 1760

Erbsengrün, blass Steinfarben und Braun

Tiefgrün, Burgunderrot und Eiche

Amerikanische Kolonialzeit 1640 - 1776

Kühles Blau und Holz

Blau und Creme

Tiefgrün, Waldgrün und Creme

Rosarot und Steingrau

Amerikanischer Neoklassizismus 1750 - 1850

Graugrün, Eiche und Weiß

Scharlachrot, Gelbgrün und Creme

Rokoko (Frankreich) 1725 - 1780

Pastellrosa und Weiß

Gold und Graugrün

Blassblau und Flieder

Blassrosa, Grau und Creme

Periode der Shaker 1750 - 1900

Blau, Creme und Holz

Blassrot, Creme und Blassbraun

Viktorianisches Zeitalter 1837 - 1901

Sonnengelb und Waldgrün

Puderblau, Beige und kräftiges Rot

Arts-and-Crafts-Periode 1860 - 1910

Creme, Terrakotta und Senfgelb

Olivgrün und Walnuss

Waldgrün und Blassbraun

Staubblau, Braun und Rost

Jugendstil 1880 - 1910

Senfgelb, Orange und Braun

Olivgrün, Braun und Creme

Gebrochenes Weiß, Violett und Lila

Dunkles Olivgrün, Creme und Rosa

Art déco 1908 - 1930er-Jahre

Blassrosa und Mint

Orange, Limonengrün und Zitronengelb

Bauhaus 1919 - 1930er-Jahre

Rot, Gelb und Blau

Schwarz, Rot und Creme

1940er-Jahre

Beige und Staubrosa

Kirschrot und Strohgelb

Moosgrün und Gelb

Weiches Blau und Fuchsienrosa

1950er-Jahre

Pastellrosa, Rot und dunkles Creme

Aquamarineblau und Eisvogelblau

Blasses Limonengrün, Pink und Gelb

Türkis, gebrochenes Weiß und Schwarz

Rosenrosa und Pastellrosa

Vanille, Rosa und Mintgrün

1960er-Jahre

Leuchtendes Rot, Dunkelblau und Blassbraun

Pink, Rot und leuchtend Blau

Orange, Rot und Violett

Schwarz und gebrochenes Weiß

Mandarine und Fuchsienrosa

Violett, Graugrün und Blassorange

1970er-Jahre

Avocadogrün, Strohgelb und Gelb

Strohgold mit Olivgrün

Orange, Rot und helles Gelb

Helles Gelb und Braun

Limonengrün, dunkles Orange und Beige

Braun und Dunkelrosa

1980er-Jahre

Nachtblau, leuchtend Rot und Beige

Aschgrau, Rot und Burgunder

Chromgrau, Silber und Beige

Schwarz und Rot

1990er-Jahre

Tabak, Löwenmähne und Marineblau

Indigoblau und Weizengelb

Dieses traditionell eingerichtete Schlafzimmer passt gut zu Farbpaletten aus Zeiten vor dem 20. Jahrhundert, etwa aus der viktorianischen oder georgischen Ära. Burgunder und dunkles Grün sowie das Blumenmuster der Bettdecke sind typisch für die Arts-and-Crafts-Bewegung, die maßgeblich von William Morris initiiert wurde. Ein überraschendes Farbschema, zum Beispiel im 60er-Jahre-Stil, kann das Ambiente entscheidend verändern.

1 Dieses viktorianische Farbschema kombiniert Burgunder und blasses Waldgrün.

2 40er-Jahre-Look: Warmes Rosa bildet den Gegensatz zu pudrig blauen Wänden.

3 Hier wurden die Farben des amerikanischen Kolonialstils verwendet: Creme, Marineblau und Waldgrün.

6 Kühle georgische Creme- und Blautöne geben diesem
Schlafzimmer einen klassischen Anstrich.

4 Bunte 60er-Jahre-Farben wirken lebhaft und fröhlich.
Die gemusterte Tagesdecke unterstreicht den Effekt.

7 Die viktorianischen Farben Staubrosa und Dunkelgrün
passen perfekt zu den massiven Holzmöbeln.

5 Dieses Farbschema im Art-déco-Stil prägen Pastelltöne in Rosa, Flieder und Zitrone.

8 Hier werden die dunklen Möbel durch die Farben der
französischen Rokokozeit aufgehellt.

Bei der Auswahl einer Antikfarbe lässt man sich am besten von seinen ganz individuellen Geschmacksvorlieben leiten. Dieses im viktorianischen Stil gestaltete Badezimmer ist eigentlich prädestiniert für die Farben des 19. Jahrhunderts; ein 70er-Jahre-Farbschema könnte aber genauso charmant wirken. Im Raum oben werden die viktorianischen Elemente mit dezenten, aber authentischen Creme-, Weiß- und Marmortönen betont.

1 Mit satten Braun- und Grüntönen entsteht ein alternatives viktorianisches Farbschema.

2 Das warme Orange ist typisch für den Jugendstil. Es bringt Gemütlichkeit in den ansonsten eher unterkühlt wirkenden Raum.

3 70er-Jahre-Look: Avocadogrün, Creme und Braun wirken gemütlich und unprätentiös.

4 Mittelalterliches blasses Grau und dunkles Rosa werden hier durch den orangefarbenen Stuhl kontrastiert. So entsteht ein hübscher, einladend wirkender Raum.

5 Typisch für den Shaker-Stil: Die blauen Panele werden mit cremefarbenen Wänden kombiniert.

6 Grüne Holzpanelen sind typisch für das georgische Zeitalter. Das goldfarbene Stuhlpolster bildet einen aparten Farbakzent.

7 Dunkelbraune Panele lassen mit Himmelblau und Grün einen von der Natur inspirierten Jugendstil-Look entstehen.

8 Die Kombination aus Oliv-, Grün- und Brauntönen erinnert an das England zu Zeiten Edwards VII.

Raumwirkung verändern

Ist ein Raum zu dunkel, zu hell, zu klein, zu groß, zu hoch oder zu eng, kann die richtige Wahl der Farben für Ausgleich sorgen. Als wichtige Regel dabei gilt: dunkle oder warme Töne kommen auf uns zu, während kühlere Farben zurückzuweichen scheinen.

Linke Seite: Weiß bringt Räume zum Strahlen und lässt sie größer erscheinen. Der enge Flur erhält durch die weiße Farbe optisch mehr Weite. Die Beleuchtung verstärkt die Wirkung: Die nach oben gerichteten Lampen nehmen dem Raum die Enge.

Helle Farben reflektieren mehr Licht. Das lässt sie weiter entfernt erscheinen und prädestiniert sie zur optischen Vergrößerung kleiner Räume. Mit dunklen Farben verhält es sich hingegen genau anders herum. Diese Effekte kann man nutzen, um ungünstige Proportionen zu überspielen. Zimmerdecke und Zierleiste in derselben Farbe lassen den Raum niedriger erscheinen. Soll die Decke jedoch höher wirken, streicht man sie gewöhnlich in hellem Weiß. Ein dunkler Fußboden lenkt den Blick nach unten – ein hellerer Boden dagegen vergrößert den Raum optisch.

Doch nicht nur die proportionale Wirkung kann man mit Farben beeinflussen: So lassen sich mit ihnen auch bestimmte Bereiche eines Hauses abgrenzen oder gezielt ins Gesamtbild integrieren – wie eine Büroecke innerhalb eines Zimmers oder eine Essecke innerhalb eines Wohnraums. Streicht man zum Beispiel eine Einzelwand hinter einem Essbereich in einer anderen, aber passenden Farbe, wird dieser Teil des Raumes vom angrenzenden Sitzbereich abgegrenzt, ohne dass es stört.

Farbe kann außerdem die Lichtverhältnisse und damit die Stimmung eines Raumes verändern. Ein dunkler Raum mit wenig Tageslichteinfall profitiert von sonnigen Farbtönen wie Gelb, Gold oder Rosa und Rot. Mit Farben der „Warm und gemütlich"-Palette (siehe Seite 48 ff) erhält ein großer, nichtssagender Raum eine einladende Atmosphäre. Kühlere Töne wie Blassblau und Grün wirken beruhigend. Tiefrot, das als warm, leidenschaftlich und anregend gilt, eignet sich gut für Essbereiche. Gezielt eingesetzte Farben ziehen die Blicke auf sich – zum Beispiel ein einladend rotes Sofa – und können zugleich von weniger schönen Bereichen eines Raums ablenken.

Die Balance zwischen warmen und kalten Farben, die Betonung einzelner Elemente und der Ausgleich zwischen schlichten Flächen und strukturierten Details spielen eine wichtige Rolle bei der Einrichtung. Die folgenden Bilder zeigen, wie Farben, Details und Strukturen in ungünstig proportionierten Räumen für Harmonie und Ausgeglichenheit sorgen und wie sie in eher unattraktiven Zimmern zu einer positiveren Raumstimmung beitragen.

Oben: Das warme, dunkle Blau der Zimmerdecke wiederholt sich in Sofas und Kissen. Dies lässt den hohen Raum gemütlicher und intimer erscheinen.

Oben: Das kleine Schlafzimmer wirkt durch den hellen, blassblauen Anstrich größer. Die Farbe eignet sich bestens für ruhige, private Wohnbereiche.

Oben: Ein Vorhang aus lichtdurchlässigem Stoff filtert das durch die riesigen Fenster einfallende Licht; der dunkle Holzboden nimmt dem Raum die klinische Atmosphäre.

Links: In diesem extrem kleinen und beengenden Raum sorgen helle Neutraltöne und Weiß für ein Gefühl von Weite. Die ebenfalls weiße Decke öffnet den Raum nach oben.

Links: Die Kombination von Orange, Rot und Braun vermittelt Wärme. Eine geläufige Methode, um Tiefe zu erzeugen oder Bereiche abzugrenzen, ist das Streichen von Wänden in unterschiedlichen Farben wie hier in Braun und Apricot.

Oben: Die schwarzen Seitenwände in dieser engen Küche lenken den Blick auf die weiße Kopfwand und das Fenster.

Links: Das schlichte Weiß ordnet sich den dekorativen Details der eingebauten Nische unter und reflektiert zugleich das Licht bis ins kleinste Eckchen.

Oben: Der blaue Deckenbalken gliedert den sehr langen Raum. Die in einem dunkleren Blauton gestrichenen Nischen wirken interessant und besonders tief.

Oben: Linien und Flächen bestimmen diese Küche. Das Staubblau lenkt die Aufmerksamkeit auf die schräge Zimmerdecke, während der Rest des Küchenbereichs durch sattes Kobaltblau abgegrenzt wird.

Oben: Dunkle Ecken wirken unfreundlich und beengen den Raum. Die Deckenleuchte erhellt das Regal; der Mix aus warmem Orange und Weiß verleiht dem Flur einladende Wärme.

Raum schaffen

Gebrochenes Weiß

Blasse Cremetöne

Blassblau

Blassgrün

Blasses Weizengelb

Blasses Türkis

Helligkeit erzeugen

Flieder

Rosa

Gelb

Orange

Wärme schaffen

Rot

Violett

Dieser Arbeitsbereich ist ungünstig gelegen. Der Flur ist eng und es fällt wenig Tageslicht ein, was die Ecke dunkel und unfreundlich erscheinen lässt. Eine weiße Decke nimmt dem Raum die Enge. Die blassen Blautöne wirken beruhigend und erzeugen ein Gefühl von Helligkeit und Weite. Der Wandstreifen lenkt den Blick nach vorn und macht den ansonsten unspektakulären Raum interessanter.

1 Weiß erzeugt Licht und Raum. Der türkisfarbene Streifen lenkt den Blick und stellt so einen interessanten Effekt dar.

2 Der sonnige Cremeton lässt den Flur lichtdurchflutet wirken. Mit dem laubgrünen Teppich entsteht ein natürlicher Eindruck.

3 So wie alle kühlen Farben vermitteln auch diese Blautöne ein Gefühl von Weitläufigkeit.

4 Die abgesetzte Farbe des Rollos wird zum Blickfang. Das sonnige Gelb sorgt für fröhliche Stimmung.

5 Die dunkel abgesetzte untere Wandhälfte in Kombination mit dem Hellblau im oberen Teil und der weißen Decke lässt den Raum luftiger wirken.

6 Türkis und Blau bilden ein beschauliches und beruhigendes Farbschema.

7 Hier wird der Blick vom dunklen Boden hinauf zu den helleren Wänden und der weißen Decke gelenkt.

8 Creme, Safran und Braun sorgen für Licht und Helligkeit.

9 Der violette Streifen peppt die Kombination aus Neutraltönen auf; das Raumende wird betont.

1 Kühles Türkis lässt den Raum modern wirken. Der Blick wird vom dunklen Fußboden zur helleren Decke gelenkt.

2 Einladend wird der Flur durch warmes Orange und den dunklen Boden. Die helle Decke sorgt für Weite nach oben.

Interessante Linien und Formen prägen diesen dekorativen Eingangsbereich. Der fast hallenartig anmutende Raum kann ganz unterschiedlich gestaltet werden – ob einheitlich Ton in Ton oder durch Hervorheben einzelner Bereiche oder Details. Je nach Farbschema wirkt der Raum groß und imposant oder warm und gemütlich. Im Foto oben entsteht durch die Creme- und Neutraltöne ein eleganter Look.

3 Dieser auffällige moderne Look lässt den Bereich kleiner erscheinen, ohne dass er erdrückend und eng wirkt.

4 Weiß auf Fußboden und Wänden vergrößert den Raum optisch deutlich. Die gelbe Farbe betont die Form der Decke.

5 Die schwungvolle, dunkle Treppe zieht den Blick auf sich, sodass dieser Bereich des Raumes deutlich betont wird.

6 Rosa lässt den Raum gemütlich und sonnig erscheinen; Weiß dagegen schafft ein Gefühl von Luftigkeit.

7 Der cremefarbene Boden und die dunkleren Wände lenken den Blick in Richtung der angrenzenden Zimmer.

8 Mediterrane Terrakotta-, Hellblau- und Weißtöne vermitteln ein freundliches Flair.

9 Blasses Grün reflektiert Licht und öffnet den Raum; ein dunklerer Fußboden bildet die passende Basis.

Diesem winzigen Schlafzimmer fehlt es an Raum und Tiefe. Blassere Töne vermitteln Weite, während Kontrastfarben an verschiedenen Wänden für Tiefe sorgen können. Hier verhindern die sonnigen Rot- und Gelbtöne, dass der Raum zu dunkel wird. Die schräge Decke ist in derselben Farbe gestrichen wie die Wand, damit das Zimmer nicht zu beengt erscheint.

1 Weiß erzeugt immer ein Gefühl von Weite. Durch die auffällige blaue Tagesdecke wirkt der Raum nicht so steril.

2 Neutraltöne machen das Beste aus dem Raum; die burgunderrote Tür setzt einen interessanten Akzent.

3 Blassblau vermittelt stets Helligkeit und Weite, während das dunklere Blau in der Nische für Tiefe sorgt.

4 Blassgrün reflektiert Licht und schafft Raum; die rote Tagesdecke stellt einen mutigen Kontrast dar.

5 Die mediterrane Farbwahl vermittelt ein Gefühl von Sonnenlicht; helle Wände und Decke schaffen Raum.

6 Der Marokko-Look wirkt interessant und schafft Raum.

7 Wer kein Freund von Neutralfarben ist, aber dennoch für Helligkeit sorgen will, wählt verschiedene Gelbtöne. Sie machen den Raum luftig, aber einladend.

8 Der Kontrast zwischen Weiß und Rot mutet asiatisch an und sorgt für Helligkeit und zugleich für Tiefe.

9 Blasses Rosa verströmt Licht und Farbe; die grüne Tagesdecke nimmt den niedlichen Gesamteindruck etwas zurück.

Die auffällige Badewanne ist zwar sehr dekorativ, kann aber in dem kleinen Zimmer schnell zu dominant wirken. Das seitliche Fenster lässt zudem eine Ecke des Raumes recht dunkel erscheinen. Die Holzvertäfelung ist hier ein interessantes Detail, das Aufmerksamkeit auf sich zieht.

1 Ein kühles, frisches Grün unterstreicht die Konturen der Badewanne; blassblaue Wände vermitteln Höhe.

2 Die dunklere Farbe auf der oberen Wandhäfte lenkt die Aufmerksamkeit auf die schräge Decke.

3 Violett wirkt immer sehr gewagt: Hier dient es als interessanter farblicher Akzent.

6 Warme Rot-, Rosa- und Cremetöne sind einladend. Die schwarze Wanne bildet einen starken Kontrast.

4 Die drei verschiedenen Farben dehnen den Raum aus und lassen ihn weiter erscheinen; zusätzlich bringen sie Wärme und Gemütlichkeit.

7 Weiches Grün und Blau vergrößern den Raum und vermitteln Kühle und Frische.

5 Die sonnigen Farbtöne sorgen für Helligkeit, während die dunklere Wandhälfte den Blick nach oben lenkt.

8 Weiß erzeugt ein Gefühl von Weite; das kräftige Blau macht die schräge Zimmerdecke zum Blickfang.

1 Ruhige Braun- und Cremetöne vereinen den Raum. Die hell gestrichenen Wände weiten ihn und bringen den Essbereich besonders zur Geltung.

2 Die einzelnen, auffälligen roten Wandabschnitte lassen den Raum höher erscheinen.

3 Das satte Braun sorgt für Gemütlichkeit, während der Blick auf den helleren Kamin gelenkt wird.

Dies ist ein kleiner, recht dicht möblierter Raum mit einem an den Kamin grenzenden Esstisch. Hier ist es wichtig, Kontraste und Ebenen zu schaffen, um die vorhandene Tiefe hervorzuheben. Der Kontrast zwischen leuchtendem Blau und Pink gerät zum Blickfang.

4 Das blasse Blau wirkt luftig und schafft Raum; das dunklere erzeugt ein Gefühl von Tiefe.

7 Das dunklere Braun in den Nischen erzeugt Tiefe in dieser dezenten Kombination aus Neutraltönen.

5 Sonniges Gelb hellt den Raum auf; der dunkle Boden und die hellere Decke lenken den Blick nach oben.

8 Die Farbe der Kaminwand rahmt die Feuerstätte und macht sie zum Blickfang im Raum.

6 Dieses satte viktorianische Farbschema sorgt für Gemütlichkeit; der Kamin bleibt im Mittelpunkt.

9 Das Dunkelgrün der Nischen schafft verschiedene Ebenen und sorgt für Gemütlichkeit.

1 Luftige Blaugrüntöne wirken beruhigend, aber auch interessant. Farblich auf die Zimmerdecke abgestimmte Vorhänge sorgen für Einheitlichkeit.

2 Die harmonischen Rosatöne suggerieren Sonnenlicht in dem eher dunklen Raum. Das Blassrosa auf der oberen Wandhälfte streckt den Raum.

3 Dunkle Farbe auf Fußboden und unterer Wandhälfte hebt den Blick und öffnet so den Raum.

Je heller kleine, enge Räume gestaltet sind, umso größer wirken sie. In Räumen mit wenigen Fenstern lässt sich das einfallende Licht durch geschickt positionierte Spiegel einfangen und vermehren. Zudem kann man einen winzigen Raum durch eine helle, einheitliche Farbe größer oder durch Blöcke kontrastierender Farben tiefer erscheinen lassen. Dieses Schlafzimmer wirkt durch den Kontrast von Orange und Violett besonders lebendig. Solche Kontraste können auch eher nichtssagenden Räumen eine interessante und originelle Optik verleihen.

4 Neutralfarben weiten den Raum. Aufgrund der Kontraste kommt keine Langeweile auf.

7 Benachbarte Wände in kontrastierendem Grau und Apricot lenken den Blick vom dunkelgrauen Teppich nach oben.

5 Die orange Einzelwand verleiht dem Raum Tiefe; die helleren, sonnigen Töne sorgen für Weite und Licht.

8 In diesem gemütlichen Zimmer suggeriert blasses Creme auf der entfernteren Wand Raum und Luftigkeit.

6 Ein warmes, helles Gelb öffnet den Raum und lässt ihn lichtdurchflutet wirken.

9 Die beruhigenden natürlichen Grün- und blassen Goldtöne schaffen eine entspannende Atmosphäre.

Anstrichtechniken

Es gibt unwahrscheinlich viele
Möglichkeiten, einem Anstrich durch
verschiedene Techniken zusätzlichen
Charakter zu verleihen. Im Kapitel
„Bemalte Flächen" werden z. B. auffällige große Wandgemälde, Muster
oder dekorative Bordüren vorgestellt.
Das Kapitel „Struktureffekte" präsen-
tiert verschiedene Techniken zur struk-
turierenden Gestaltung von Oberflächen, wie Wickel- oder Schwammtechnik. Im Kapitel „Imitationen" wird
gezeigt, wie man besondere Effekte
wie eine Stoff-, Metall-, Holz- oder
Steinoptik erzielt.

Bemalte Flächen

Unterschiedlichste Motive, als Bilder, Muster oder Bordüren auf Wände und Decken gemalt, lassen Räume sehr individuell wirken. Inspirationen findet man beispielsweise bei den Wandgemälden der alten Griechen oder den Fresken der Renaissance.

Linke Seite: Der geometrisch strukturierte Hintergrund in Flieder- und Violettnuancen verleiht diesem dekorativen Schlafzimmer eine individuelle Note. Durch die blassen Farben wirken die Karos nicht übermächtig; der weiße Fußboden schafft ein Gefühl von Weitläufigkeit.

Wem einfarbig gestrichene Wände zu langweilig erscheinen, der kann mit aufgemalten Mustern oder Bildern leicht Abhilfe schaffen. Natürlich könnte man dabei auf Tapeten zurückgreifen; ein individueller Anstrich bietet jedoch wesentlich mehr Möglichkeiten, dem Raum eine persönliche Note zu verleihen. Ein Anstrich ist zudem meist preiswerter, vor allem wenn man selbst Hand anlegt. Hobbyanstreicher sollten zunächst auf einem Stück Karton oder einer kleinen Fläche üben. Wer nicht gerade ein begnadeter Künstler ist und frei Hand malen kann, sollte mit Fotokopien, projizierten Bildern oder Schablonen experimentieren.

Besonders mit Mustern lassen sich wirkungsvolle optische Effekte erzeugen. Ob man sich nun für dezente Motive wie blasse Streifen oder bourbonische Lilien entscheidet oder zu auffälligen Karos oder geometrischen Formen greift – entscheidend sind die Größe eines Raumes und die gewünschte Wirkung. Vertikale Streifen lassen beispielsweise einen Raum größer erscheinen, während große Muster ihn optisch verkleinern.

Das Malen von Bildern auf Wände oder Fußböden hat eine sehr lange Tradition, angefangen bei den Höhlenmalereien der Urzeit bis zu den Fresken im Europa des 15. Jahrhunderts. Geschmackvoll gewählte Fresken können einem Raum den antiken Charme vergangener Jahrhunderte verleihen.

Einen eher verspielten Look erzeugt man zum Beispiel mit Putten im venezianischen Barockstil. Beeindruckende Effekte entstehen durch Trompe l'oeil: Mit diesen optischen Täuschungen lassen sich dreidimensionale Effekte erzielen, die für räumliche Tiefe und Überraschungen sorgen.

Kinderzimmer

Kinderzimmer eignen sich hervorragend für Wandbemalungen. Dabei sollten die Kinder so viel wie möglich einbezogen werden, denn so werden sie die Bilder eher zu schätzen wissen. Kinder haben viel Fantasie und daher sollte es leicht sein, mit ihnen ein Farbschema und Thema zu entwickeln. Die Schwierigkeiten liegen dann eher in der Realisierung. Wer einen Profi engagieren will, sollte ihn bitten, Vorschläge und Muster zum entsprechenden Thema mitzubringen. Wer selbst zum Pinsel greift, sollte zunächst eine Technik wählen, der er sich gewachsen fühlt – z. B. mit Schablonen oder Stempeln – und das Schema um diese Technik herum aufbauen. Dazu muss man kein großer Künstler sein: Witzige, spielerische Ideen reichen völlig aus. So sind Kinder oft begeistert, wenn man einfach ihre Handabdrücke als Muster verwendet. Hier lässt sich nach Herzenslust experimentieren. Und bis den Kindern ihre Zimmer nicht mehr gefallen, sollten sie alt genug sein, sie selbst umzugestalten!

Die drei Schablonenmotive in verschiedenen Grüntönen schaffen eine ruhige, fröhliche Atmosphäre.

Wie ein Regenbogen wirken die aus den Tuben fliegenden Farbbänder; die kleinen Unregelmäßigkeiten lassen das handgemalte Motiv noch anmutiger erscheinen.

In diesem Jugendzimmer wurden stilisierte Sonne, Mond und Sternmotive mit Schablonen aufgemalt. Die Schwingungen der dekorativen Bänder gleichen die harten Linien aus.

Die handgemalten Blumen auf der Wand spiegeln das Muster von Bettdecke und Kopfteil wider.

Lieblingsmotive wie diese Gans lassen sich in die farbliche Raumgestaltung einbeziehen (unten am Hochbett).

Ein aufgemalter Himmel an der Zimmerdecke, blau-weiß gestrichene Schränke und leuchtend rosa Wände lassen dieses Kinderzimmer fröhlich und verspielt wirken.

Hier zeigt sich ein Vorteil der Schablonentechnik: Man kann das Motiv in verschiedene Richtungen drehen und so für Abwechslung sorgen.

Bordüren

Indem sie den visuellen Fokus verlagern, können Bordüren die Wahrnehmung von Raumproportionen beeinflussen und z. B. eine Zimmerdecke niedriger erscheinen lassen. Außerdem wirken Bordüren sehr dekorativ. Ihr Stil sollte immer dem des übrigen Raumes entsprechen. Handgemalte Bordüren passen z. B. gut zu einer Einrichtung im indischen oder mexikanischen Stil. Man kann Bordüren auf Höhe von Stühlen oder Bilderleisten anbringen; am besten wirken sie, wenn sie rings um den Raum verlaufen. Auch Zierleisten in Holz- oder Steinoptik können einem Raum neue Struktur veleihen. Bei komplexen Mustern empfiehlt sich die Schablonentechnik; man kann aber auch Motive von Tapeten, Geschenkpapier oder aus Kunstbüchern nachmalen.

Die grün-graue Bordüre passt gut zu den dunklen Möbeln und bildet eine dekorative Barriere zwischen den gelben Wänden und der grünen Decke, deren Zusammentreffen sonst womöglich zu grell wäre.

In diesem Raum stellt die orange-grau gestreifte Bordüre ein Bindeglied zwischen dem Orange der Wände und dem hellen Grau der Möbel dar. Das geometrische Muster spiegelt auch die Formen des Bildes wider.

Eine schablonierte Lilie und eine Bordüre mit Blattmotiv definieren und zieren hier den Boden einer Zimmerecke.

Mit Terrakotta- und Grüntönen sorgt diese Blumenbordüre im florentinischen Stil für antiken Look.

Diese aparte blau-goldene Bordüre lässt die hohe Zimmerdecke niedriger erscheinen.

Hier zeigt sich, dass eine Bordüre auch aus Buchstaben oder Worten bestehen kann.

Fresken

Jahrtausendelang haben Künstler Wände mit ihren Malereien geschmückt. Die als Freskenmalerei bekannte Technik wurde im mittelalterlichen Italien entwickelt und während der Renaissance perfektioniert. Der Begriff „Fresko" leitet sich von „fresco", dem italienischen Wort für „frisch" ab und ist darauf zurückzuführen, dass die Farben damals auf noch frischen Putz aufgetragen wurden. Fresken können einen Raum verändern und ihn buchstäblich in eine andere Dimension führen. Besonders beliebt sind antike Motive, z. B. im Rokokostil oder Pop-Art-Wandgemälde im Stil der 1960er. Wer kein geübter Künstler ist, traut sich diese Technik vielleicht nicht zu. Hier kann man auf verschiedene Tricks zurückgreifen: Fotokopien von Bildern oder die Projektion von Bildern auf die Wand. Ansonsten kann man natürlich auch einen Profi beauftragen, der je nach Stil und Budget verschiedene Vorschläge unterbreiten kann.

Eine himmelartige Zimmerdecke mit aufgemalten kleinen
Wölkchen wirkt hell und luftig.

Der scheinbar unendliche Pfad auf der Wand dieses Treppenabsatzes vermittelt ein Gefühl von Weite.

Die Karikaturen von Köchen und Kellnern geraten in dieser Küche zum witzigen Blickfang.

Dieses weitläufige neoklassizistische Motiv mit Säulen und Tempeln lässt den kleinen Essbereich größer erscheinen.

Die idyllische Malerei über dem Kamin greift die Creme- und Grüntöne des Teppichs und der Möbel auf. Welche Anstrichtechnik man auch wählt – die Farben sollten immer zum gesamten Einrichtungsschema passen.

Hier wurde ein ansonsten ungemütlicher, fensterloser Raum durch Fresken in florentinischem Stil in einen „grünen Garten" verwandelt.

Muster

Muster können einer Einrichtung Flair und Individualität verleihen. Sie eignen sich bestens zum Einbringen von Akzentfarben und zum Aufbrechen eintöniger Farbflächen. Die Farben des Musters sollten immer die des Haupt-farbschemas widerspiegeln. Schon in alten Zeiten wusste man den dekorativen Effekt von Mustern auf Wänden und Fußböden zu schätzen. Im 20. Jahrhundert wurden breite geometrische Muster zum Markenzeichen des Art-déco-Stils. Die Wahl eines Musters kann man auch von den Proportionen eines Raumes abhängig machen: Große Formen passen in große Räume, während sie in kleinen Zimmern zu dominant wirken. Kleine Karos oder Punkte dagegen würden in großen Räumen eher verloren wirken. Verwendet man zwei verschiedene Muster, so sollte man auf gleiche Farben achten, aber die Größen variieren.

Die Muster von Wänden und Fußboden scheinen von Matisses Scherenschnitten inspiriert zu sein.

Sich wiederholende Muster ermöglichen das Spielen mit verschiedenen Farben und Hintergründen.

Das Aufmalen von Punkten ist eine einfache Möglichkeit, einer flachen Farbe Struktur zu verleihen.

Die dezenten Streifen in Weiß und neutralem Grau schaffen ein klares, elegantes Ambiente.

Hier entsteht einfacher, rustikaler Charme durch handgemalte Muster mit Blumenverzierung.

In freihand gemalten vertikalen und horizontalen Streifen wird das Karomuster des Vorhangs aufgegriffen.

Wie Fliesen wirkt die Bemalung in Beigetönen auf diesem Küchenfußboden, wobei das wiederkehrende Muster die Linien ausgleicht. Ein Lacküberzug versiegelt die Fläche.

Abstrakte Formen in wenigen verschiedenen Farben verleihen diesem Badezimmer eine auffallende Individualität.

Gepunktete Linien in Gold bilden einen faszinierenden Hintergrund für die goldenen Bilderrahmen.

Hier gerät die Kombination der zart gestreiften Wand mit dem mehrfarbigen Sideboard zum Blickfang.

Wenige Neutraltöne wirken immer edel und elegant. Die Oberhälfte der Wand wurde in dezenten Creme- und Hellbrauntönen gestrichen; die Gestaltung greift die Farben und Muster des Fußbodens auf. Der dunklere Ton der Wandunterhälfte sorgt für Abwechslung. Weiß erweist sich als perfekte Akzentfarbe für diesen klassischen Stil.

Beim Anstreichen ist es einfacher als beim Tapezieren, die passende Farbe zu einer bereits in der Einrichtung vorgegebenen Farbe zu finden. Hier lassen breite horizontale Streifen das kleine Badezimmer größer wirken. Dabei sind die Farben der Wände, Fliesen und Bilder genau aufeinander abgestimmt. Das Bild über der Spüle greift die Motive der Fliesen auf.

Stempel und Schablonen

Schablonen- und Stempeltechnik eignen sich hervorragend für wiederkehrende Muster. Sie stellen eine einfache und preisgünstige Möglichkeit dar, einem Raum Individualität zu verleihen. Schablonenarbeiten dienten bereits ca. 3000 v. Chr. in China zur Verzierung von Seide oder Papier. Außerdem ist die Technik im viktorianischen oder Regency-Stil sowie beim Arts-and-Crafts-Begründer William Morris anzutreffen. Die Methode ist einfach: Farbe wird durch eine Schablone, z. B. aus dickem Karton oder Acetatfolie, aufgetragen. Dank der Schablonen kann man gleiche Formen immer wieder verwenden. Die Motive lassen sich in regelmäßigen Abständen, in Gruppen oder gedreht anordnen. Für Ecken und Kurven verwendet man am besten Schablonen aus Acetatfolie, obwohl diese recht rutschig sein kann. Fachgeschäfte bieten meist eine große Auswahl an fertigen Schablonen an; dort erhält man auch die ganz ähnlich zu verwendenden Gummistempel.

Fußböden eignen sich gut für Schablonentechnik, wie dieses Blumenmuster beweist. Lack versiegelt die Farben.

In diesem feminin wirkenden Schlafzimmer zieren zarte weiße Federn die fliederfarbenen Wände.

Diese Bemalung wirkt wie ein Teppich. Auf Treppenstufen muss man auf eine strapazierfähige Versiegelung achten.

Mit selbst entworfenen Stempeln entsteht in diesem Badezimmer eine bunte Unterwasserwelt.

Stempel eignen sich bestens zur Reproduktion komplizierter Formen wie dieser Violinschlüssel.

Mittelalterlicher Look: Hier entstand mit Stempeltechnik ein Blumenmuster auf dem Schrank.

Mit Schablonen kann man mehr als eine Farbe auftragen; das wirkt fast wie handgemalt.

Trompe l'oeil

Die Bezeichnung „Trompe l'oeil" kommt aus dem Französischen und bedeutet soviel wie „Optische Täuschung". Diese Technik lässt einen dreidimensionalen Eindruck, wie z. B. den Ausblick aus einem Fenster, entstehen. Bereits die alten Römer verwendeten diese Methode, um ihre dunklen Räume heller und weitläufiger erscheinen zu lassen. Die Technik zählt somit zu den klassischen Gestaltungsmitteln. Im 18. Jahrhundert war es in Europa modern, falsche Bögen und Rankspaliere auf die Innenwände zu malen. Trompe l'oeil wurde auch verwendet, um architektonische Details wie Säulen oder Stuck herbeizuzaubern. Die Technik eignet sich sowohl für große als auch für kleine Räume. Die Gestaltung ist allerdings recht schwierig und erfordert einiges an malerischem Talent sowie ein feines Gespür für Licht und Schatten. Wer bei Maßstab und Proportionen auf Nummer sicher gehen will, projiziert am besten ein Bild auf die Wand und malt es dann nach.

Aufgemaltes Mauerwerk ziert den engen Flur; die bogenförmige Nische ist ebenfalls eine optische Täuschung.

Hier wurde eine schlichte Wand in eine dekorative Pariser Straßenszene verwandelt.

Trompe l'oeil passt besonders gut zu Einrichtungen im klassischen Stil, wie dieses schöne Beispiel zeigt: Die stilvollen Tonvasen und ein elegantes Marmorwaschbecken harmonieren perfekt mit der Marmoroptik der Wände und der aufgemalten Fensteroptik rund um den Spiegel.

Rissiges Mauerwerk und eine Säule sorgen in diesem Wohnzimmer für antike Akzente.

Struktureffekte

In der Natur findet man eine unglaubliche Fülle verschiedener Strukturen wie die Adern von Blättern oder die Furchen von Baumrinden. Bei der Gestaltung von Räumen können Strukturen sehr interessant wirken und der Einrichtung mehr Charakter verleihen.

Linke Seite: Anstrichtechniken eignen sich sowohl für Möbel als auch für Wände. Die Farbe von Kleiderschrank und Kommode wurde abgewetzt, sodass an einigen Stellen das Holz zum Vorschein kommt. So entsteht Struktur und Tiefe. Teilweise wurden Akzente in Kontrastfarben gesetzt.

Es gibt viele Möglichkeiten, Oberflächen durch Struktureffekte attraktiver zu gestalten. So wie man Farben nach Bauzeit und Stil des Zuhauses aussucht, kann man auch die Struktur auf die Einrichtung abstimmen. Die Sprenkeltechnik eignet sich z. B. für eine dezente Wirkung, während die Wischtechnik eher rustikal wirkt. Egal für welche Methode man sich entscheidet, es empfiehlt sich immer, die Technik auszuprobieren, am besten auf einem Stück Karton, das man an die Wand hält. So lässt sich prüfen, ob die Wirkung zum Raum passt. Bei einigen Techniken können Fehler in der Ausführung den Effekt zunichte machen. Wer sich seiner Sache nicht sicher ist, engagiert besser einen Profi.

Viele dieser Anstrichtechniken entstanden beim Ausgestalten von großen Häusern der europäischen Aristokratie. Später fanden sie sich auch bei reichen Bürgern, die ihre Häuser ebenso prunkvoll ausgestalten wollten. Die Ziehtechnik ist beispielsweise eine Anstrichform, die im 18. Jahrhundert in Frankreich entwickelt wurde, um die seidenbehangenen Wände der Adelssitze zu imitieren. Andere Effekte dienen wiederum ganz anderen Zwecken. So soll beispielsweise Patinieren das Aussehen gealteter Materialien nachempfinden.

Einrichtung und Accessoires sollten zur Anstrichtechnik passen. Das Krakelieren wurde z. B. im 18. Jahrhundert in Frankreich entwickelt und erinnert an die Fresken oder Malereien der Renaissance. Dazu passt ein Mix aus Antiquitäten kombiniert mit großzügig gemusterten Teppichen und Brokatstoffen. Dagegen eignet sich der sonnengebleichte Effekt des Kalkens vor allem für Möbel im rustikalen Stil.

Patinieren

Durch Patinieren erzielt man einen Alterungseffekt, der einen Raum warm und behaglich wirken lässt. Diese Technik lässt sich auf Putz, Holz und anderen Oberflächen anwenden und weckt den Eindruck, als hätten sich die Materialien mit der Zeit und durch Sonnenlicht abgenutzt.

Verwendung

Durch Patinieren entsteht eine Zwei-farben-Optik, mit der ein Alterungseffekt auf Oberflächen (meist Holz, aber auch Putz oder sogar Plastik) geschaffen wird. Diese Technik kann man auf nagelneuen Möbeln anwenden, um sie an eine ansonsten antik gestaltete Einrichtung anzupassen. Beschädigte Möbel mit Sprüngen, Rissen oder anderen kleinen Makeln können durch Patinierung aufgewertet werden: Die kleinen Fehler werden so zu charmanten, charakteristischen Details.

Materialien

Je nach Technik: Grundierung, Dispersionsfarbe, Speziallasur und Stahlwolle oder ein anderes Schleifmittel

Kosten- und Zeitaufwand

Kosten: mäßig; Zeit: mäßig

Links: Hier wurden Holz-, Putz- und Metalloberflächen patiniert, um ein historisches Ambiente zu imitieren.

Do it yourself?

Neue Oberflächen abschleifen, erst Grundierung und dann Dispersionsfarbe auftragen. Bei Altanstrichen kann nach dem Anschleifen auf das Grundieren verzichtet werden. Dann grob eine zweite Farbe auftragen und abwischen, bevor sie trocknet. Alternativ kann man auch eine Wachsschicht aufbringen und übermalen oder eine Speziallasur verwenden. Oberfläche immer abschließend versiegeln.

Oben: Einen natürlichen Effekt erzielt man mit Erdtönen wie Terrakotta, Braun und Beige sowie den Farben angelaufener Metalle wie Gold und Zinn.

Wischtechnik

Die Wischtechnik ist eine der einfachsten Formen eines strukturierten Farbauftrags. Mit ihrer Melierung verleiht sie Oberflächen Struktur und Tiefe. Die Ursprünge der Wischtechnik liegen in den dezenten Tönen und Maltechniken der Impressionisten.

Verwendung

Diese Technik wird hauptsächlich auf Wänden verwendet, obwohl sie sich auch für Holzoberflächen eignet. Sie passt sowohl zu modern als auch antik gestalteten Räumen und ist optimal für Küchen, wo sie auch kleine Gebrauchsspuren überdecken kann. Die Wischtechnik schmeichelt grob verputzten Wänden. Sehr vorteilhaft wirkt, wenn man sie in verschiedenen, dunkler werdenden Schichten aufträgt. So kann man das Ergebnis immer noch mit einer Extraschicht ändern.

Materialien

Verdünnte Dispersionsfarbe oder ein mit Test-Lackbenzin verdünnter Klarlack. Man kann auch Farben in Pulverform verwenden

Kosten- und Zeitaufwand

Kosten: gering; Zeit: mäßig

Links: Die Wischtechnik verleiht der Wand in dem minimalistischen Raum eine interessante Struktur und Tiefe.

Do it yourself?
Zuerst auf einem Stück Tapete üben. Grundanstrich in der helleren Farbe auftragen. Farbe für die nächste Schicht verdünnen und mit breiten, willkürlichen Strichen oder einem Lappen auftragen. Etwas Farbe in die Mischung geben und die nächste Schicht aufbringen, bis das gewünschte Ergebnis erreicht ist. Sichtbare Pinselstriche mit einem nassen Pinsel oder Lappen verwischen.

Oben: Mit dieser Technik kann man den Effekt leuchtender Farben wie Zitronengelb oder Himmelblau mildern. Über den hellen Grundanstrich trägt man dunklere Schichten auf; so entsteht ein weicheres Gesamtbild.

Kammtechnik

Bei dieser Technik werden die Zähne eines Kamms durch nasse Farbe gezogen. Das kann wie eine Holzmaserung wirken oder opulenten Seidenglanz erzeugen. Das streifenartige Muster dehnt die Höhe oder Breite der gestrichenen Oberflächen scheinbar aus.

Verwendung

Kammtechnik erfordert eine ruhige Hand, denn Fehler lassen sich hier nur schwer korrigieren. Am besten eignet sich die Technik daher für kleine Flächen. Man kann sie auf Wänden, Türen und Randflächen anwenden oder alte Schränke damit aufpeppen. Die Streifen können vertikal oder horizontal, in Karos oder kurvig angeordnet werden. Kleine Abschnitte in Kammtechnik wirken formal. Die besten Effekte erzielt man mit einer neutralen Grundfarbe. Die Farbe der zweiten Schicht ist immer dominierender.

Materialien

Spezialkamm aus Metall oder Gummi, verdünnte Farbe mit langer Trockenzeit

Kosten- und Zeitaufwand

Kosten: gering; Zeit: mäßig

Links: Die breiten Streifen in Terrakotta und Creme schaffen eine formale, aber einladende Atmosphäre.

Do it yourself?

Grundanstrich auftragen und trocknen lassen. Kammtechnik funktioniert am besten zu zweit: einer trägt etwas verdünnte Farbe auf, der andere zieht den Kamm durch die nasse Farbe. Nach jedem Absetzen den Kamm mit einem feuchten Papiertuch abwischen, damit keine Farbe haften bleibt und die sauberen Linien verdirbt. Zunächst auf einer trockenen Wand oder einem Stück Pappkarton üben.

Oben: Auf kleinen Flächen kann man auch zwei leuchtende Farben, wie Orange und Royalblau, kombinieren. Für größere Bereiche eignet sich allerdings eher ein blasserer Basiston mit einer harmonischen Zweitfarbe.

Krakelieren

Krakelieren erzeugt Risse in der gestrichenen Oberfläche und erinnert an die Optik alter Kunstwerke oder Fresken der Renaissance. Die Technik eignet sich am besten für Antiquitäten oder alte Möbel, die einen neuen Look vertragen.

Verwendung

Krakelieren erfordert schnelles und kontrolliertes Arbeiten, daher nimmt man sich am besten kleinere Abschnitte vor. Meist wendet man die Technik auf Holz an; sie eignet sich aber auch für Putz, Stein und Plastik. Das Verfahren ist nicht ganz einfach, liefert aber spektakuläre Resultate. Man unterscheidet zwei Optiken: Beim Krakelieren von Spezialfarben auf Wasserbasis entsteht ein abstraktes Muster von größeren Rissen; verwendet man Ölfarben, bildet sich ein Netzwerk winziger Risse.

Materialien

Pinsel, Reißlack (auf Wasser- oder Ölbasis)

Kosten- und Zeitaufwand

Kosten: hoch; Zeit: hoch

Links: Hier entstand durch Krakelieren ein wunderbarer Antikeffekt auf der roten Wandunterhälfte.

Do it yourself?

Grundanstrich mit Dispersionsfarbe auf Wasserbasis (wird später durch die Risse sichtbar). Nach dem Trocknen Reißlack in einer Richtung aufbringen. Nach deren Trocknen zweite (obere) Dispersionsfarbe auftragen. Man kann auch nur einen Grundanstrich und dann zwei Lagen Speziallasur aufbringen. Für beide Methoden gilt: Fönen verkürzt die Trockenzeit, Anstrich durch Lack schützen.

Oben: Dieser Effekt imitiert die rissige Optik von Fresken der Renaissance; dazu passen Farben aus dieser Periode. Royalblau mit goldenem Unterton erinnert zum Beispiel an einen italienischen Palazzo.

Künstliches Altern

Es gibt eine Reihe einfacher Techniken, die Oberflächen verwittert und gealtert aussehen lassen. Auf Putz oder Holz eignen sich diese Antikeffekte gut für rustikale, exotische oder mediterrane Einrichtungskonzepte.

Verwendung

Die Techniken lassen sich auf Holz oder Putz anwenden. Die entstehenden Effekte passen gut zu Einrichtungen im Landhaus-Stil und eignen sich sowohl für neue als auch für alte Möbel. Für einen natürlichen Look ist es wichtig, an welchen Stellen die Abnutzung sichtbar werden soll. Die Vorderseiten von Stuhlbeinen oder Tischkanten sind beispielsweise stärker beansprucht als andere Stellen. Neu verlegte Fußböden, die nicht zur sonstigen Umgebung passen, kann man ebenfalls künstlich altern lassen.

Materialien

Schmirgelpapier, Hammer, Meißel, Strukturbürste und -feile

Kosten- und Zeitaufwand

Kosten: gering; Zeit: gering

Links: Die auf alt getrimmten Holzpaneele in diesem Raum passen gut zur einfachen Holzeinrichtung.

Do it yourself?

Vorüberlegen, welche Stellen der Oberfläche auf natürlichem Wege abnutzen würden. Grundanstrich auftragen, der zum Dekor passt, dabei eventuell Stellen aussparen. Einige Flächen abschleifen, um natürliche Abnutzung zu simulieren. Ecken mit einer Feile abreiben. Mit Hammer oder Meißel vorsichtig Beulen oder Macken einhämmern. Nicht übertreiben: es soll schließlich dekorativ wirken.

Oben: Künstliche Alterung passt zu rustikalen neuenglischen oder skandinavischen Stilrichtungen. Beide verwenden viele Pastelltöne. Die Technik nimmt ihnen das Niedliche und lässt sie stattdessen verwittert und entspannt wirken.

Abziehen

Abziehen ist eine Technik, mit der sich eine dezente Struktur unregelmäßiger Linien erzielen lässt. Der Effekt war besonders in den 1930er-Jahren in englischen Landhäusern beliebt, wo nur leicht kontrastierende Farben benutzt und dezentes Design bevorzugt wurden.

Verwendung

Abziehen wurde ursprünglich genutzt, um seidenverhangene Wände zu imitieren; es verleiht Wänden, Türen und Möbeln immer noch ein erhabenes Flair. Je nach Anstrichtechnik und Lasur kann es leicht strukturierte Tapeten in einem Wohn- oder Esszimmer ersetzen oder Küchenschränke aufpeppen. Obwohl er allgemein mit Landhäusern in Verbindung gebracht wird, passt dieser Stil auch gut zu klassischen Einrichtungen. Er kann auch in modern gestalteten Räumen für Struktur sorgen.

Materialien

Strukturbürste oder Pinsel, Lasur oder Farbe auf Ölbasis

Kosten- und Zeitaufwand

Kosten: gering; Zeit: gering

Links: Hier entstanden kräftige Linien durch Pinselstriche in einem Aquaton auf neutralem Untergrund.

Do it yourself?

Diese Technik ist einfach und die Lasuren trocknen relativ langsam, sodass kein Zeitdruck entsteht. Die Oberfläche muss glatt sein und darf keine Dellen haben: Unregelmäßigkeiten sieht man im Muster. Mit Pinsel oder Rolle verdünnte Farbe oder Lasur auf Ölbasis auftragen. Dann langsam den Pinsel oder die Strukturbürste in durchgehenden strichartigen Bewegungen von oben nach unten ziehen.

Oben: 30er-Jahre-Stil entsteht durch gedämpfte Töne wie Braun oder Tiefblau, Terrakotta oder Burgunderrot. Sie werden mit ähnlichen, harmonischen Farben kombiniert.

Trockenwischen

Diese Technik wird seit Jahrhunderten von Künstlern verwendet, die Farben wie bauschige Wolken an einem blauen Himmel in das Bild einfließen lassen wollen. Inzwischen haben auch Dekorateure das Trockenwischen für sich entdeckt.

Verwendung

Trockenwischen wirkt besonders gut auf Wänden, Tischplatten und anderen Möbelstücken. Die dekorative Technik sorgt mal für Struktur, ein anderes Mal liefert sie Antikeffekte. Da sie breite, schwungvolle Pinselstriche erfordert, wendet man sie am besten auf einer großen Fläche an; sie eignet sich aber auch zur Betonung architektonischer Formen. Wenige willkürliche Striche wirken wie ein Nebelschleier, während mehrere Striche in verschiedene Richtungen (Kreuzschraffur) der geschaffenen Struktur Tiefe verleihen.

Materialien

Farbe und Pinsel (abgenutzt oder neu mit langen Borsten)

Kosten- und Zeitaufwand

Kosten: gering; Zeit: mäßig

Links: Diese Wand erhält durch Trockenwischen in zwei Rottönen eine leicht marmorierte Struktur.

Oben: Trockenwischen funktioniert am besten mit stark kontrastierenden Farben, wie Hellblau und Kobaltblau.

Do it yourself?

Diese Technik wirkt einfach, erfordert aber sehr leichte Pinselstriche, deshalb besser vorher üben. Hellen Grundanstrich auftragen und trocknen lassen. Pinsel in die zweite Farbe tauchen und auf einem Brett abwischen, sodass der Pinsel fast trocken ist. Pinsel nah bei den Borsten greifen und in verschiedene Richtungen leicht über die Wand streichen. Dabei nur wenige Streifen Farbe hinterlassen.

Tupfen

Für diese Technik werden zwei Schichten Farbe oder Lasur aufgetragen. Die weiche, natürlich wirkende Marmorierung entsteht mit Hilfe von Küchenpapier oder Tüchern, mit denen man einen Teil der noch feuchten Farbe von der Wand abtupft.

Verwendung

Tupfen funktioniert am besten auf großen Flächen, z. B. Wänden oder Tischplatten, und in großen Räumen, da die Wirkung aus der Entfernung am besten zur Geltung kommt. Der Effekt wird jedes Mal etwas anders ausfallen, aber das Endresultat erinnert meist an abgetragenes Leder, bei dem zwei Farben zufällig ineinander übergehen. Besonders gut passt diese Wirkung zu einem neutralen Farbschema. Man kann auch ein schattiertes Muster erzeugen, indem man einige Stellen der Fläche dunkler gestaltet als andere.

Materialien

Grundanstrich aus Farbe, Lasur, Küchenrolle oder Tücher

Kosten- und Zeitaufwand

Kosten: gering; Zeit: hoch

Links: Tupfen wirkt immer anders, bildet jedoch stets einen weichen, aber auffälligen Hintergrund.

Do it yourself?

Hellen Grundanstrich auftragen und trocknen lassen. Nasse, dunklere Lasur in kleinen Abschnitten auftragen und mit zu Ballen geformtem Küchenpapier oder Tüchern teilweise wieder abnehmen. Aufgrund der kurzen Trockenzeit arbeitet man besser zu zweit: Einer streicht, der andere drückt den Ballen in die Lasur und rubbelt die Farbe ab. Nach dem Trocknen die Oberfläche mit Lack schützen.

Oben: Die dekorative Tupftechnik erzeugt Effekte, die an abgenutztes Leder erinnern. Daher eignen sich hier Neutraltöne wie Olivgrün oder Braun am besten.

Lasieren

Lasuren sind ein wichtiger Bestandteil in diversen Anstrichtechniken, wie z. B. bei der Wickeltechnik. Eine Lasur ist ein transparenter, getönter Film, der über einen Grundanstrich aufgetragen und je nach gewünschtem Muster wieder abgenommen wird.

Verwendung

Lasuren verleihen Oberflächen einen luxuriösen, antiken Schimmer. Sie eignen sich für diverse Stilrichtungen, ob antik oder modern. Bereits bei den Viktorianern waren lasierte Fliesen und Tapeten sehr beliebt. Sehr populär war die Technik auch in den 30er- und 40er-Jahren, weil sie eine Alternative zu teuren Tapeten darstellte. Lasuren eignen sich für Möbel und Wände, sowohl für kleine als auch große Flächen, für Stuck- und Fußleisten. Mit der Technik lassen sich sowohl moderne Muster als auch eine Antikoptik erzielen.

Materialien

Lasuren gibt es fertig angemischt oder zum Selbstanrühren.

Kosten- und Zeitaufwand

Kosten: mäßig; Zeit: hoch

Links: Lasuren eignen sich für Wickeltechnik (siehe Wand) oder für Antikeffekte (siehe Bilderrahmen).

Do it yourself?

Nur auf glatten, ebenen Flächen verwenden, denn Lasuren betonen jede Unebenheit. Untergrund mit zwei Schichten Basisfarbe abdecken. Lasuren auf Wasserbasis nur für Farben auf Wasserbasis verwenden; solche auf Ölbasis sind universeller einsetzbar. Lasur mit einem Pinsel in kleinen Abschnitten auftragen und je nach Technik abnehmen; Fehler vor dem Trocknen korrigieren.

Oben: Mit Lasuren erzielt man starke, opulente Effekte. Daher passen sie zu satten Farben, z. B. den Violett- und Goldtönen der viktorianischen Palette.

Kalken

Im 16. Jahrhundert verwendete man Kalkstaub, um Möbel vor Pilzen, Würmern oder Käfern zu schützen. Die weiße Paste setzt sich in Holzrillen und -maserung fest, wodurch der sonnengebleichte Effekt erzielt wird, der heute allerdings nur dekorativen Nutzen hat.

Verwendung

Kalken hellt Hölzer optisch auf und eignet sich besonders, um die harten Linien von dunklem Holz, z. B. Eiche, Esche oder Ulme weicher erscheinen zu lassen. Besonders wirkungsvoll ist die Technik auf geschnitzten Oberflächen und Holz mit offenerer Maserung. Die Technik sorgt für eine Antikoptik, wirkt aber gleichzeitig belebend. Sie eignet sich für Türen, Fußböden und Möbel. Besonders beliebt ist sie in Badezimmern und Küchen, wo sie harte Linien sanfter gestaltet.

Materialien
Drahtbürste, Kalkpaste, Poliertuch

Kosten- und Zeitaufwand
Kosten: gering; Zeit: gering

Links: Kalken wirkt auf Holzpaneelen besonders dekorativ; das Holz wird heller und harte Linien weicher.

Do it yourself?
Kalk ist ein recht undankbares Material und wird daher heutzutage durch Kalkpaste oder -wachs ersetzt. Zum Ausfüllen der Maserung verwendet man eine Drahtbürste. Die Oberflächen müssen staubfrei sein; Kalkwachs oder -paste auftragen, dabei Stellen, die ausgespart werden sollen, zudecken. Überschüssiges abwischen und polieren. Kleine schwarze Spritzer unterstreichen den Antikeffekt.

Oben: Gekalktes Holz passt gut zu den Pastellfarben des skandinavischen Neoklassizismus, z. B. Eierschalenblau, Rosa, Staubgrün und Flieder.

Wickeltechnik

Bei der Wickeltechnik wird gewickelter Stoff verwendet, um eine Farbschicht auf- oder abzutragen, wobei eine dekorative Struktur entsteht. Das Endergebnis kann je nach Farbe antik oder modern sein und wirkt oft wie zerdrückter Samt.

Verwendung

Wickeltechnik wird meist auf Wänden angewendet. Steinfarben sind besonders dekorativ, da die Technik das Muster von Steinen nachahmt. Die Wickeltechnik eignet sich auch zur Verschönerung von Möbeln, z. B. Kommoden oder Türen. Sie funktioniert sowohl in antik eingerichteten Räumen (am besten mit Antikfarben) als auch bei moderner Einrichtung. Die Methode des Farbabtragens wirkt generell weicher als die des Farbauftragens.

Materialien

Mehrere Farben, verschiedene Stofflappen oder andere Materialien, wie Handtücher, Leder oder Plastiktüten oder Spezialwalzen

Kosten- und Zeitaufwand

Kosten: gering; Zeit: mäßig

Links: Mit der Wickeltechnik kann man ein sich wiederholendes Muster schaffen, das wie ein Druck wirkt.

Do it yourself?

Grundanstrich aus Dispersionsfarbe oder Mattlack auf glatte Oberfläche auftragen. Soll die Farbe abgetragen werden, zunächst den Lappen in sich verwickeln. Farbe an einer Stelle auftragen, Lappen aufdrücken und die feuchte Lasur abnehmen. Für den Farbauftrag den gedrehten Lappen in Farbe eintauchen, fest aufdrücken und in wiederholtem Muster die Wand herunterrollen.

Oben: Die beste Wirkung erzielt man mit zwei ähnlichen Farben. Obwohl sich die Technik für Antikeffekte eignet, kann sie auch ein modernes Ambiente unterstreichen.

Schwammtechnik

Die Schwammtechnik sorgt für Effekte, die zu modernen Stilrichtungen passen, aber auch einen unaufdringlichen Hintergrund in antiken Umgebungen schaffen, z. B. wenn ebener Farbauftrag zu wenig Struktur bietet oder ein Ineinanderfließen von Farben gewünscht ist.

Verwendung
Die Schwammtechnik eignet sich für alle Oberflächen, besonders für verputzte Wände, Türen und Möbel. Die moderne Technik passt zu den verschiedensten Stilrichtungen. In Pastelltönen vermittelt sie Luftigkeit und Helligkeit, während man bei leuchtenden, sich ähnelnden Farben einen satten, vertiefenden Effekt erzielt. Mit dem Verfahren kann man Farben in mehreren Schichten ineinander übergehen lassen oder sie vereinen. Das Verfahren ist recht einfach und preisgünstig.

Materialien
Farbe auf Wasser oder Ölbasis, Naturschwamm, Farbwanne und Pappe

Kosten- und Zeitaufwand
Kosten: gering; Zeit: gering

Links: Der Olivton der Wand passt gut in dieses moderne Farbschema aus Beige, Braun und Grün.

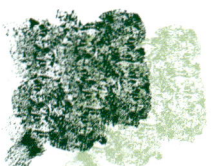  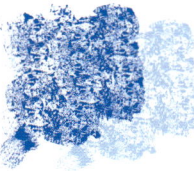 

Oben: Schwammtechnik passt zu modernen neutralen Farben, wie diesen Braun-, Creme-, Blau- und Grüntönen. Hellere Nuancen wirken dezenter und natürlicher als kontrastierende, sattere Farben.

Do it yourself?
Wenn die helle Grundfarbe getrocknet ist, den Schwamm anfeuchten und in dunklere Farbe eintauchen. Auf einer Pappe ausdrücken, um überschüssige Farbe zu entfernen und den Abdruck zu testen. In der Mitte der Wand anfangen. Die Hand beim Aufdrücken drehen, um ein willkürliches Muster zu erzielen. Die Methode funktioniert auch andersherum: trockenen Schwamm in die feuchte Farbe drücken.

Beizen

Beizen ist eine Methode, Holz zu färben, ohne die natürliche Schönheit der Maserung zu überdecken. Diese sehr einfache Technik passt gut zu Einrichtungen im Landhaus-Stil und eignet sich überall dort, wo natürliche Strukturen betont werden sollen.

Verwendung
Beizen eignet sich für jedes Holz und kann an alle Farbschemen angepasst werden. Besonders gut wirkt die Methode auf großen Flächen, z. B. Holzvertäfelungen oder Böden mit dekorativer Maserung, die zu schade zum Verdecken wären. Holzmöbel werden oft gebeizt. Ist das Holz von sich aus attraktiv, reicht eine klare Beize aus; bei vielen Astknoten empfiehlt sich eine Farbbeize, die zum jeweiligen Einrichtungsstil passt. Anspruchsvoller ist das Beizen mit verschiedenen Farben.

Materialien
Holzbeize auf Öl- oder Wasserbasis und ein Pinsel

Kosten- und Zeitaufwand
Kosten: mäßig; Zeit: mäßig

Links: Das rustikale Sideboard wurde in verschiedenen Farben gebeizt und dann bemalt.

Do it yourself?
Oberflächen müssen abgeschliffen und Astlöcher versiegelt sein, damit kein Harz austritt. Beize immer erst auf einem Stück des gleichen Holzes testen, um auch wirklich die passende Farbe zu finden. Der Holzton kann Helligkeit oder Dunkelheit der Farben beeinflussen. Beize sparsam auftragen, da Übergelaufenes oder Verschüttetes später zu sehen ist; außerdem trocknet zu viel Beize nicht.

Oben: In Häusern des amerikanischen Kolonialstils war Holz meist Dunkelgrün, Blau oder Weinrot gestrichen. Diese Farben sorgen für einen authentisch-antiken Look.

Sprenkeln

Sprenkeln ist eine der dezentesten und schwierigsten Anstrichtechniken. Vor dem Anstrich empfiehlt sich ein Blick auf pointillistische Gemälde von Künstlern wie Seurat. Anhand der Bilder kann man erkennen, wie Farben in Punktform zusammenwirken.

Verwendung

Sprenkeln eignet sich für Holzvertäfelungen, Möbel, Rahmen, Schnitzereien und natürlich für Wände. In den Kinos und Cocktailbars der 30er-Jahre war die Technik oft in drei oder vier Farben zu sehen, wodurch ein atmosphärischer, dunstiger Effekt erzielt wurde. Die vielseitige Technik eignet sich aber auch für diverse andere Stilrichtungen. Die Schwierigkeit besteht leider in der Anwendung: Man braucht eine ruhige Hand und muss sehr sorgfältig arbeiten, um den typischen, zart gefleckten Hintergrund zu schaffen.

Materialien

Lasur auf Öl- oder Wasserbasis, Bürste

Kosten- und Zeitaufwand

Kosten: gering; Zeit: hoch

Links: Die enteneiblauen Sprenkel wirken in dieser modernen Küche überraschend zart.

Do it yourself?

Die Oberfläche sollte makellos sein; Sprenkeln betont jede Unebenheit. Am besten eignen sich Stupf- oder Schablonenbürsten; man kann auch Besen oder Schuhbürsten verwenden. Die Bürsten sollten vorher getestet werden. Öllasur sorgt für eine dezentere Struktur und mindert den Zeitdruck beim Arbeiten. Die Bürste nur leicht auf die Oberfläche aufdrücken. In den Ecken anfangen.

Oben: Die Farben sollten sorgfältig ausgewählt werden, sonst könnten seltsame optische Effekte entstehen. Schema vorher immer ausprobieren. Gut geeignet sind Pastellfarben und dezente Neutraltöne.

Imitationen

Durch Imitationen eröffnen sich unzählige Möglichkeiten: Man kann Holz in Stein, Papier in Metall, Plastik in Gold oder Putz in Tierhaut verwandeln. Dazu braucht man nicht einmal einen Zauberstab: nur Pinsel und Farben – und natürlich Fantasie.

Linke Seite: Aufgemalte Holzpaneele zieren den unteren Teil der Wand. Die helle Pinienoptik passt wunderbar zur weißen Wandoberhälfte und den Neutraltönen im Raum.

Imitation ist die Kunst, die Optik eines bestimmten Materials zu erzeugen. Die verschiedenen Techniken dafür gibt es bereits seit Tausenden von Jahren. Die alten Ägypter wendeten sie bei ihren Gräbern, die Inkas bei ihrem Schmuck und die Römer für ihre Wände an. In den letzten Jahrhunderten ließ man sich allerlei clevere Tricks einfallen, um besondere Effekte wie Stein-, Leder- oder Holzoptik zu erzielen; vor allem, um den Transport teurer und schwerer Materialien zu vermeiden. Heute dienen Imitationen der individuellen Gestaltung einer Einrichtung. So können beispielsweise Samtoptiken Wänden die nötige Struktur verleihen, Mosaikeffekte Badezimmer verschönern oder Steinoptiken für imposante Akzente in Esszimmern sorgen.

Um mit Imitationen die gewünschten Erfolge zu erzielen, sollte man unbedingt vorher üben:

am besten natürlich auf einem nicht sichtbaren Teil der Oberfläche, die gestrichen werden soll. So bekommt man ein Gefühl dafür, wie stark man z. B. den Schwamm ausdrücken muss, wie viel Farbe ein Lappen beim Wischen von der Wand abnimmt oder wie viel Lack man mit einem Kamm abziehen kann.

Entscheidend ist außerdem die gründliche Vorbereitung der Oberflächen. Nichts ist ärgerlicher als ein störendes Loch in einer mühevoll fertiggestellten Wand. Wer sich selbst nicht an Imitationen herantraut oder wem die nötige Zeit fehlt, kann natürlich auch hier einen professionellen Raumgestalter beauftragen.

Viele der Techniken in diesem Kapitel sind schon sehr alt, müssen aber nicht zwingend für einen Antiklook benutzt werden. Auch moderne Räume profitieren von den dekorativen Effekten.

Tierfelloptik

Wer mit seiner Einrichtung gern aus dem Rahmen fällt, liegt mit Zebrastreifen oder Leopardenfell genau richtig. Diese Effekte sind auffällig, gewagt und sorgen garantiert für Gesprächsstoff. Vielleicht nicht jedermanns Geschmack – aber unmöglich zu übersehen!

Verwendung
Leoparden- oder Zebrafelloptik wirken am besten auf eher kleinen Flächen. In einem großen Wohnzimmer bietet sich beispielsweise eine Einzelwand oder ein Wandabschnitt an. Tierfelloptik eignet sich auch für kleinere Räume, z. B. Garderoben, Badezimmer oder sogar Kinderzimmer. Stoffe und Accessoires mit anderen Leoparden- oder Tierfellmustern unterstreichen den Look. Meist werden Braun, Schwarz, Kaki oder Gold mit Weiß oder Creme kombiniert – manchmal auch andere moderne Farben mit einem Neutralton.

Materialien
Bleistift, Farbe, Haushaltsschwamm

Kosten- und Zeitaufwand
Kosten: niedrig; Zeit: mäßig

Links: Kleines Badezimmer mit großer Wirkung: Hier sorgen beige-braune Zebrastreifen für Safari-Stimmung.

Do it yourself?
Farben auswählen, die gut zur übrigen Einrichtung passen. Streifen werden mit Bleistift auf die Wand vorgezeichnet; gegebenenfalls von einem Foto oder Stoffmuster abzeichnen, um einen Mustermix zu erhalten. Punkte malt man mit einem Haushaltsschwamm auf den Grundanstrich auf. Dabei kann man auch mehr als eine Farbe benutzen – also vorher immer erst einmal ausprobieren.

Veredeln

Goldtöne stehen seit jeher für Reichtum und Luxus. So ist es nicht verwunderlich, dass Veredeln seit Jahrhunderten eine beliebte Technik ist, um eine glamouröse Wirkung zu erzielen. Veredeln bedeutet, Oberflächen ein metallisch schimmerndes Äußeres zu verleihen.

Verwendung

Das Auftragen einer dünnen Schicht oder eines Staubes aus Gold, Silber, Platin, Bronze, Kupfer oder anderen Edelmetallen verleiht Wänden und Decken Eleganz und Glanz. Es veredelt Holz oder Stuck, Bilderrahmen, Vasen, Kerzenhalter und andere kleine Gegenstände – auch wenn sie nur aus Plastik sind. Selbst die einfachsten Accessoires werden so zu schimmernden Luxusobjekten. Bei dieser Technik gilt jedoch: Weniger ist mehr. Zuviel Glanz und Glitter wirkt immer protzig. Veredeln eignet sich auch gut für Antik-Look.

Materialien

Anlegemilch, Metallblätter oder -staub, Spezialmesser

Kosten- und Zeitaufwand

Kosten: hoch; Zeit: hoch

Links: Patinierte Goldoberfläche, die den Antiklook unterstreicht. **Unten:** Vergolden mit Schwammtechnik.

Do it yourself?

Veredeln erfordert Zeit, Geduld und Geschick. Die einfachste und preisgünstigste Methode ist die Verwendung von Goldstaub. Der glänzt zwar nicht so wie Blattgold, wirkt aber dekorativer als einfache Goldfarbe. Ein Grundanstrich versiegelt und glättet die Oberfläche, die sauber und staubfrei sein muss. Der Staub wird aufgetragen und nach dem Trocknen versiegelt. Man kann auch auf Goldpaste oder dünne Metallblätter zurückgreifen. Bei Verwendung von Blattgold: Anlegemilch aufstreichen und fast trocknen lassen; dann Blätter zurechtschneiden und mit einem Spezialmesser auflegen. Vergoldete Oberflächen werden oft auch patiniert.

Granitoptik

Ein Anstrich in Granitoptik ist zwar etwas zeitaufwändig, aber relativ einfach zu realisieren. Die anspruchslose Technik verleiht Oberflächen Struktur und Charakter. Da Granit aus relativ vielen, dezenten Farben besteht, eignet sich diese Optik für diverse Einrichtungsstile.

Verwendung

Oberflächen in Granitoptik wirken schlicht und elegant. Sie fügen sich daher gut in ihre Umgebung ein. So sind z. B. Arbeitsflächen in Granitoptik in Küchen sehr beliebt. Die Anstrichtechnik eignet sich für Wände, Säulen, Kamine und Tischplatten. Der Graniteffekt entsteht durch Schwammtechnik und Sprenkel in typischen Granitfarben wie Grau, Braun, Rost, Pfirsich, Grün, Silber und Schwarz. Durch diese breite Palette an dezenten Farben passt Granitoptik zu diversen Farbschemen, ob antik oder modern.

Materialien

Naturschwamm und Stupfbürste oder Zahnbürste

Kosten- und Zeitaufwand

Kosten: niedrig; Zeit: hoch

Links: Wände in Granitoptik kombiniert mit echtem Granit.
Unten: Esszimmer mit Granitoptik.

Do it yourself?

Die Oberflächen sollten sauber und trocken sein; Dellen und Unebenheiten machen den Look nur natürlicher. Mit einem Schwamm zunächst grüne oder hellbraune Grundierung, dann dünne Schichten in anderen passenden Farben (s.o.) auftragen; dabei jede Schicht trocknen lassen. Die letzte Farbschicht wird aufgesprenkelt, was etwas Übung erfordert. Stupf- oder Zahnbürste in die Farbe tauchen; überschüssige Farbe mit einem Tuch oder einer Zeitung abwischen. Aus etwa 30 cm Abstand zur Oberfläche rasch über die Borsten streichen, um kleine Sprenkel zu erzeugen; Effekt gegebenenfalls mit einer Reihe falscher Steine abrunden.

Lackoptik

Lack wurde erstmals vor mehr als tausend Jahren in China benutzt. Dort hatte man einen Baum entdeckt, dessen Harz – mindestens hundert Mal auf die Oberfläche aufgetragen, gesandet und wieder aufgetragen – einen spiegelartigen, dekorativen Glanz erzeugte.

Verwendung

Im 18. Jahrhundert war man sich in den großen Häusern Europas der eleganten Wirkung des recht kostspieligen Lacks bewusst. So suchte man Mittel und Wege für preisgünstigere Lack-Imitationen, die bald Schränke, Kommoden und Paravents zierten. Der klassische Hochglanzlack wird oft mit der typisch chinesischen Rot-Schwarz-Kombination in Verbindung gebracht. Heute verwendet man ihn aber immer überall dort, wo elegante Glanzeffekte gewünscht sind, oft auch als Teil einer orientalischen Einrichtung.

Materialien

Lack auf Öl- oder Wasserbasis, auch als Sprühlack erhältlich

Kosten- und Zeitaufwand

Kosten: mäßig; Zeit: gering

Links: Die Lackoptik der grau-blauen Schranktüren reflektiert Licht und bringt Leben in die Küche.

Do it yourself?

Öl und Wasser verbinden sich nicht. Daher ist es wichtig, dass der Lack auf demselben Material basiert, wie die zu lackierende Oberfläche. Letztere muss völlig glatt und staubfrei sein. Verwenden wie jede andere Lackierung. Auf kleinen Flächen wie Bilderrahmen kommt man dem Lackeffekt mit zwei Schichten matter schwarzer Farbe und einer Lackschicht sehr nahe.

Lederoptik

Leder wirkt stattlich, maskulin und elegant. Es verströmt das Flair einer viktorianischen Bibliothek oder eines neoklassizistischen Esszimmers. Die Lederoptik stellt eine preisgünstige Alternative zu teurem echten Leder dar.

Verwendung

Jahrhundertelang waren Wandplatten aus Leder in zahlreichen großen Bibliotheken oder Wohnzimmern zu finden. Die Lederoptik eignet sich für ähnliche Bereiche: Paneele oder Wandabschnitte in großen Räumen. Sie passt zu gotischen Einrichtungen oder dem Tudorstil des 16. Jahrhunderts, wirkt aber auch in moderner Umgebung sehr dekorativ. Klassische, schlichte Antikfarben, wie Braun, Grün, Rot und Schwarz, lassen sich meist mit passenden modernen Tönen kombinieren.

Materialien

Wandfarbe, Öllasur, Plastiktüte oder Zeitung

Kosten- und Zeitaufwand

Kosten: niedrig; Zeit: hoch

Links: Bibliothek im Antik-Look: Die burgunderroten Lederpaneele passen gut zu den Holzregalen.

Do it yourself?

Lederoptik erzielt man mit Abtupfen (siehe S. 201). Grundanstrich in der Basisfarbe des Farbschemas auftragen. Braun wirkt besonders realistisch, aber auch mit Rot lässt sich eine gute Wirkung erzielen. Auf den trockenen Grundanstrich wird Öllasur in einer helleren Farbe, z. B. Creme, aufgetragen, und ein Großteil mit Plastiktüte oder Zeitung in regelmäßigem Muster wieder abgewischt.

Marmoroptik

Mit Effekten in Marmoroptik befindet man sich in guter Gesellschaft. Sie wurden bereits von den alten Ägyptern und Römern geschätzt, obwohl man echten Marmor zur Verfügung gehabt hätte. Der war allerdings schwer zu transportieren und eignete sich nicht für Balken und Decken.

Verwendung

Marmoroptik ist ein ausgesprochen beliebter Dauerbrenner. Im 17. Jahrhundert war sie sehr häufig in Frankreich und Italien anzutreffen, und mit der Zeit erweiterte man die Farbpalette über die üblichen Marmortöne (Grau, Rosa, Gelb) hinaus. Die Technik findet auf Wänden, Vertäfelungen, architektonischen Details, Tischplatten oder sogar Fußböden Verwendung. Die kühlen und eleganten Farbtöne sind auch sehr beliebt in Badezimmern. Grundsätzlich sollte Marmoroptik immer ähnliche Farbtöne enthalten.

Materialien

Matte Farbe, Öllasur, weicher Pinsel/Bürste, schmaler Pinsel

Kosten- und Zeitaufwand

Kosten: hoch; Zeit: hoch

Oben links: Die Marmoroptik der Wände passt perfekt zu der echten Marmorsäule und dem weißen Holz.

Do it yourself?

Marmor tritt in verschiedenen Farben auf, daher sollte man sich für einen Ton entscheiden: Weiß (Carraramarmor), Grün (Serpentinmarmor), Gelb (Sienamarmor), Rosa (Bresciamarmor) oder Grau (Fossilienmarmor). Mit Transparentlasur über weißer oder grauer Mattfarbe ist der Effekt schnell erzielt. Dünne Linien und Punkte auf die noch leicht feuchte Fläche malen und mit weichem Pinsel verwischen.

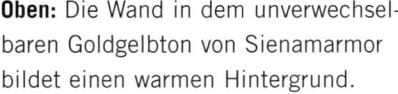

Oben: Die Wand in dem unverwechselbaren Goldgelbton von Sienamarmor bildet einen warmen Hintergrund.

Oben: Klassische Marmoroptik: Über grauen Hintergrund ziehen sich feine braune oder schwarze Linien.

Metalloptik

Metalloptik kann an den ungewöhnlichsten Stellen mit realistischen Silber-, Kupfer-, Gold- oder anderen Metalleffekten überraschen. Bei Tageslicht beeindrucken sie mit wunderschönem Farbglanz; abends sorgen sie für überraschend schillernde Akzente.

Verwendung

Jede farbaufnahmefähige Oberfläche eignet sich für Metalloptik. Mit geradezu verblüffender Wirkung ergänzen Metalleffekte moderne Farbpaletten, wobei sie sich an Grau- und Neutraltöne ebenso gut anpassen wie sie sich neben leuchtenden Farben behaupten. In Form von Paneelen oder Bordüren passt Metalloptik auch zu gotischem Stil. Die Technik eignet sich für ganze Wände – besonders in dezenten Bronze- oder Kupfertönen; schöner sind aber Akzente auf kleineren Abschnitten.

Materialien

Spezielle Metallfarbe und entsprechende Lasur; Farbroller und Pinsel

Kosten- und Zeitaufwand

Kosten: mäßig; Zeit: gering

Links: Blöcke aus verschiedenen Metallfarben verwandeln diese Wand in ein modernes Kunstwerk.

Do it yourself?

Sorgfältig die geeignete Farbe aussuchen: Latexfarbe lässt sich leichter verarbeiten; mit Farbe auf Ölbasis, Gels, Lasuren oder Sprays erzielt man bessere Effekte. Die größte Schwierigkeit bei dieser Technik besteht darin, die Pinselstriche möglichst unsichtbar aufzutragen, damit ein gleichmäßiger Schimmer entsteht. Immer vorher ausprobieren; wenn genug Platz ist, Farbe mit einem Roller auftragen.

Mosaikoptik

Ein aufgemaltes Mosaik sorgt für Abwechslung und Struktur. Es ist daher immer ein dekorativer Blickfang. Gekachelte Mosaike aus kleinen Stein- oder Glasstücken waren bereits im alten Rom beliebt. Den Aufwand kann man sich sparen, indem man das Mosaik einfach aufmalt.

Verwendung
Diese Technik verleiht allen farbaufnahmefähigen Oberflächen eine attraktive Struktur. Mosaike passen hervorragend zu mediterranen und klassischen Stilrichtungen. Sehr oft findet man sie in Küchen oder Badezimmern, obwohl sie sich durchaus auch für kleine Bereiche in Wohnzimmern eignen – z. B. auf Wandunterhälften oder als Bordüren. Die Römer verwendeten gekachelte Mosaike als Fußbodenbelag – das funktioniert natürlich auch, vorausgesetzt, die Farbe wird gut versiegelt und geschützt.

Materialien
Haushaltsschwamm, Wandfarbe, Holzklotz und Farbwanne

Kosten- und Zeitaufwand
Kosten: gering; Zeit: hoch

Links: Mosaike können gemustert, in Bildform oder schlicht gehalten sein, so wie hier.

Do it yourself?
Einen gewöhnlichen Haushaltsschwamm in flache Würfel gleicher Form und Größe schneiden; auf ein Holzbrett kleben. Wenn das Muster aus Quadraten derselben Farbe bestehen soll, das Brett einfach in die Farbwanne eintauchen und auf die Wand pressen. Ansonsten die Quadrate rasch einzeln anmalen und auf die Wand drücken, bevor die ersten austrocknen. Mit Lack versiegeln.

Putzoptik

Grob verputzte Wände wirken warm und rustikal. Sie erinnern uns an sonnenbeschienene Wände mediterraner Häuser. Purer Putz ist staubig und empfindlich gegenüber Verschmutzung; Putzoptik ist dagegen beständiger und ermöglicht eine freie Farbwahl.

Verwendung

Dieser Effekt war in den französischen Cafés der 70er-Jahre populär und passt überall dort, wo ein warmes, rustikales Flair erzielt werden soll. Putzoptik verlangt eine gewisse Weitläufigkeit: in kleinen Räumen kann sie beengend wirken. Man kann damit aber auch Stuck oder Verzierungen an bereits verputzte Wände anpassen, oder architektonische Details hervorheben. Aufgrund der großen Farbauswahl (Erdtöne wirken natürlich, bunte Farben auffälliger) passt diese Technik zu allen Stilrichtungen.

Materialien
Wandfarben und ein Schwamm

Kosten- und Zeitaufwand
Kosten: gering; Zeit: mäßig

Links: Ungestrichener Putz wirkt natürlich und ungezwungen; er passt gut zu Holzoberflächen.

Do it yourself?
Grundanstrich aus Latexfarbe in Creme, Terrakotta oder anderem Erdton auftragen. Nach dem Trocknen stellenweise anfeuchten und eine hellere Wandfarbe (im Verhältnis 1:1 mit Wasser verdünnt) aufbringen; dabei einige Flächen auslassen. Mit einem nassen Schwamm über die Schicht tupfen und wischen, sodass ein geflecktes Muster entsteht. Beanspruchte Bereiche mit Lack schützen.

Rostoptik

Wer seine Einrichtung etwas geheimnisvoll gestalten will, liegt mit Rostoptik genau richtig. Mit der Zeit trüben sich Metalle ein. Dieser Effekt, künstlich erzeugt, sorgt für historisches Flair und eignet sich daher optimal für den Antikstil.

Verwendung

Diese Technik kann auf jeder farbaufnahmefähigen Oberfläche angewendet werden. Sie passt gut zu mittelalterlichen, tudorgotischen oder barocken Stilrichtungen, kann aber auch einer modernen Umgebung einen Hauch von Mystik verleihen. Rostoptik hat eine starke Wirkung und sollte sich daher besser auf kleine Flächen, z. B. Türen, Fußleisten, Stuck oder Verzierungen, beschränken. Wirklich verrostete Accessoires wie Ketten oder Feuerzangen komplettieren den Look.

Materialien

Wandfarbe, feiner Sand, Lack und Brennspiritus

Kosten- und Zeitaufwand

Kosten: gering; Zeit: mäßig

Links: Rosteffekte auf diesem Paravent sorgen für interessante Struktur und fügen sich dekorativ in die moderne Einrichtung ein.

Do it yourself?

Rost ist immer uneben; kleine Unregelmäßigkeiten spielen also keine Rolle. Zusätzliche Struktur erzielt man durch eine Grundierung mit PVA (Polyvinylacetatleim auf Wasserbasis) und etwas feinem Sand. Dann dunkelbraune Wandfarbe aufpinseln und eine Schicht helleres Braun oder Rot mit dem Schwamm auftragen. Gegebenenfalls willkürliche Muster erzeugen; mit Mattlack versiegeln.

Seidenoptik

Seide ist der Superstar unter den Stoffen und erregt immer wieder Aufmerksamkeit. Von seinem Heimatland China aus, wo die Herstellung zunächst als strenges Geheimnis gehütet wurde, eroberte das edle Material mit dem einzigartigen Schimmer rasch die ganze Welt.

Do it yourself?

Da sich für die Technik alle Farben eignen, sollte man eine Nuance wählen, die zum Hauptfarbschema des Raumes passt. Leuchtende Farben besser nur auf einer Einzelwand oder einem Abschnitt verwenden. Neutraltöne wirken auch im gesamten Raum nicht übermächtig. Für einen weichen, melierten Hintergrund eignet sich die Schwammtechnik für die Hintergrundschichten (siehe S. 205). Wenn möglich mit einem Partner arbeiten: einer trägt etwas verdünnte Farbe in einem dunkleren Ton auf, der andere zieht den Kamm in langen, gleichmäßigen Strichen durch die nasse Lasur. Nach jedem Strich den Kamm mit einem nassen Papiertuch säubern, um Flecken zu vermeiden und klare, saubere Linien zu gewährleisten, die die Seidenoptik perfekt machen. Zunächst auf einer trockenen Wand oder einem Stück Pappe üben, denn Fehler lassen sich nur schwer korrigieren.

Verwendung

Seide wird seit mindestens 5000 Jahren hergestellt. Ihre Textur und ihr Glanz waren in vielen Zivilisationen beliebt. In europäischen und asiatischen Kulturen wurde sie als luxuriöser Kleider- und Dekorationsstoff gehandelt. Im 13. Jahrhundert bekam die orientalische Seide Konkurrenz aus Italien; in Amerika begann man im 17. Jahrhundert mit der Herstellung. Die Geschichte zeigt uns, dass Seide über die Jahrhunderte stets populär war. Daher eignet sie sich auch für nahezu alle Stilrichtungen. Bretter mit echter Seide zu bespannen und an die Wand zu nageln wäre sehr kostspielig und zeitaufwändig. Stattdessen kann man durch Aufmalen ganz ähnliche Effekte erzielen. Seide ist sehr absorbierend und kann in jeder lebhaften Farbe auftreten. Man kann sich also auf die typischen dezenten Creme- und Naturtöne beschränken – oder aber auch jede noch so leuchtende Farbe verwenden.

Materialien

Spezieller Metall- oder Gummikamm, Farbe (so verdünnt, dass die Trockenzeit lang ist)

Kosten- und Zeitaufwand

Kosten: gering; Zeit: mäßig

Oben links: Seidenoptik passt in viele Räume und zu verschiedenen Stilrichtungen. Hier harmoniert der natürliche Cremeton gut mit dem Marmorwaschbecken.

Maueroptik

Falsches Mauerwerk wirkt einfach und elegant; es verleiht Räumen ein Flair von Stärke und Beständigkeit. Eine Maueroptik kann imposant oder theatralisch wirken, oder auch als Teil eines Trompe l'oeil Verwendung finden (siehe S. 190).

Verwendung

Maueroptiken waren im 18. Jahrhundert groß in Mode, da sie ein Gefühl von Macht ausstrahlen. Der Effekt passt zu theatralisch historischen Stilrichtungen wie Mittelalter oder Gotik, kann aber auch in modernen Wohnumfeldern dekorativ wirken, besonders in Kombination mit Stein- oder Marmoroptik. Es lassen sich diverse Steintöne verwenden, von Granitgrau über Sandstein bis hin zu gelbem oder grünlichem Marmor. Besonders wichtig ist, dass die falschen Steine größenmäßig auch genau zu den Proportionen des Raumes passen. Man kann die Steinblöcke auch diagonal anordnen; so erhält man einen etwas dezenteren Effekt (siehe Foto).

Materialien

Je nach Technik: Wandfarbe, Schwamm, Lappen, Stupfbürste, Acryllasur und Ölkreide

Kosten- und Zeitaufwand

Kosten: mäßig; Zeit: hoch

Do it yourself?

Maueroptik lässt sich mit verschiedenen Techniken erzielen. Zuerst sucht man natürliche Erd- oder Steinfarben aus und überlegt, welche Art Stein man darstellen will. Wandfarbe in Terracotta oder einem anderen satten Neutralton auftragen. Dann in einer helleren Farbe in willkürlichen Pinselstrichen, mit Schwamm- oder Wickeltechnik darübergehen. Mit Bleistift oder Kreide die Umrisse der Steine einzeichnen. (Farbe haftet nicht auf Bleistift – also später wieder ausradieren!) Die Größe der Steine sollte variieren, damit das Bild nicht zu regelmäßig wirkt. Hier kann Sprenkeln für zusätzliche Struktur sorgen: dann muss jeder Stein mit Klebeband umrissen werden. Aufgemalte Adern sorgen für Marmoreffekte (siehe S. 215). Die Ecken jedes Steins können auch mit Ölkreide schattiert werden. Schließlich malt man in Grau oder Sandfarben die Mörtelzwischenräume auf und versiegelt alles mit Mattlack.

Oben links: Der Raum wirkt zunächst so, als ob altes Mauerwerk renoviert worden wäre – aber Mauerwerk und Putz sind nur aufgemalt.
Oben rechts: Eine Maueroptik passt wunderbar zu pompösen Einrichtungen im Barockstil.

Wildlederoptik

Wildlederoptik verleiht Räumen Tiefe und Fülle. Der Trend, Wände mit Stoff zu behängen, ist bereits Jahrtausende alt. Wildleder vermittelt ein Gefühl von Luxus und Komfort, sorgt dabei aber gleichzeitig für dekorative Strukturen.

Verwendung
Die auffällige Wildlederoptik eignet sich am besten für eine Einzelwand. Sie passt zu rustikalem oder modernem Stil und kann in antiken Einrichtungen die formale Lederoptik ersetzen. Da Wildlederoptik etwas empfindlich ist, sollte sie nicht an stark beanspruchten Stellen verwendet werden. Die Wildlederfarbe fängt und reflektiert das Licht je nach Richtung der willkürlichen Pinselstriche und gerät so schnell zum Blickfang im Raum. Accessoires oder Möbel aus Wildleder komplettieren den Look.

Materialien
Spezielle Wildlederfarbe, breiter Pinsel, eventuell auch Farbrolle aus Wolle

Kosten- und Zeitaufwand
Kosten: hoch; Zeit: gering

Links: Paneelen in Wildlederoptik lassen dieses dramatische Wohnzimmer sehr förmlich wirken.

Do it yourself?
Die Wand muss glatt und staubfrei sein. Die spezielle Wildlederfarbe in zwei Schichten mit einem großen Pinsel, einer Farbrolle oder einem Schwamm auftragen. Der zweite Anstrich erfolgt kreuz und quer in unregelmäßigen Strichen. Das sorgt für die zweifarbige Hell-Dunkel-Optik von Wildleder. Durch Versiegelung der Oberfläche erzielt man einen Samt- oder Glasureffekt.

Samtoptik

Samteffekte sorgen für historisches und luxuriöses Flair. Man bringt das edle Material oft mit dem Mittelalter oder der Renaissance in Verbindung, als der teure Samt dem Adel und sehr reichen Kreisen vorbehalten war.

Verwendung

Samt wurde erstmals 2000 v. Chr. in Ägypten hergestellt. Dort schätzte man bereits den dicken, schweren Flor, der später oft als schützender Wandbehang gegen Zugluft eingesetzt wurde. Abgesehen von seiner Bedeutung im Mittelalter und zur Zeit der Gotik ist Samt ebenfalls ein wichtiges Element im georgischen, viktorianischen oder Art-déco-Stil. Wer seinen Wohn- , Schlaf- oder Esszimmerwänden die nötige Struktur verleihen will, findet hier die geeignete Technik.

Materialien

Matte Wandfarbe, Lappen oder Materialien wie Baumwolle, Seihtuch und Polierleder

Kosten- und Zeitaufwand

Kosten: gering; Zeit: mäßig

Links: Die moosgrüne Samtoptik bildet einen luxuriös-edlen Hintergrund für dieses elegante Wohnzimmer.

Do it yourself?

Royalblau, Dunkelrot, Burgunder, Smaragdgrün und Gold sind klassische Samtfarben. Die Oberfläche muss glatt, sauber und staubfrei sein. Zwei Grundschichten aus Emulsionsmattfarbe auftragen. Nach dem Trocknen eine etwas hellere oder neutrale Farbe, z. B. Creme, auftragen. Sofort mit einem eng gerollten Lappen oder anderem Stoff abwischen, wodurch ein melierter Glanzeffekt entsteht.

Tapetenoptik

Wer mit dem Gedanken spielt, Tapeten nach eigenen Entwürfen zu gestalten, hat keine neue Idee: Bereits im 15. Jahrhundert begann man, die ersten mühevoll von Hand bemalten Tapeten zu verwenden, wobei das damals so aufregend neue Material namens Papier benutzt wurde.

Verwendung

Das Bemalen eigener Tapeten passt zu zahlreichen Einrichtungsstilen aus diversen Epochen. Tapeten konnten sich im 17. und 18. Jahrhundert nur die wirklich Reichen leisten. Im 17. Jahrhundert waren meist Wappen in das Design integriert; hundert Jahre später begann man, Papier auf Holzbretter zu kleben und so teure Wandteppiche oder Paneele zu imitieren. Zu viktorianischen Zeiten wurden die populären Tapeten dann in Massenproduktion gefertigt.

Materialien

Rolle, Grundierung, Emulsionsfarbe, Schablonen oder Druckstöcke

Kosten- und Zeitaufwand

Kosten: gering; Zeit: hoch

Links: Die gelb-weiße Tapetenoptik im Stil der 70er-Jahre verleiht dem Raum einen einzigartigen, verspielten Look.

Do it yourself?

Eine Schicht Grundierungsfarbe auf Öl-basis oder verdünnte Grundierung auftragen. Wenn die Farben auf dem Papier ausbluten, müssen sie versiegelt werden, z. B. mit Grundierung auf Aluminiumbasis. Motive können mit Kreide vorgemalt werden (Farbe haftet nicht auf Bleistift). Alternativ kann man Schablonen oder Druckstöcke benutzen. Oberfläche mit Lack versiegeln.

Holzoptik

Holzoptik ist eine preisgünstige Möglichkeit, die Einrichtung mit dekorativen Holzeffekten aufzuwerten oder verschiedene Holzarten einander anzupassen. Die Technik wurde im 17. Jahrhundert entwickelt und erreichte den Höhepunkt ihrer Popularität im 19. Jahrhundert.

Verwendung

Holzoptik funktioniert auf jeder Oberfläche, die Mattfarbe als Grundanstrich aufnehmen kann. So eignet sie sich auch für Materialien wie Plastik oder Hartholz. In einem Zimmer mit dunkler Mahagonikommode kann man z. B. hellere, billigere Türen oder Paneele durch Holzoptik an das elegantere und teurere Echtholz anpassen. Die Technik lässt sich außerdem auf Fußleisten oder Wandhälften anwenden und verschönert alte Dielen, bei denen Fehler durch die Bemalung ausgeglichen werden. Mit etwas Übung kann man verschiedene Holzarten darstellen, indem man Astlöcher oder typische kleine Makel integriert. So wirkt es, als käme das Holz im gesamten Zimmer von derselben Baumart. Meist werden für die Holzoptik auch typische Holzfarben verwendet; sie eignet sich aber grundsätzlich für jeden gewünschten Farbton.

Materialien

Lasur auf Öl- oder Wasserbasis, Ziehpinsel, weicher Pinsel / weiche Bürste

Kosten- und Zeitaufwand

Kosten: gering; Zeit: mäßig

Oben links: Holzoptik sorgt für realistische Holzeffekte, die zu anderen Oberflächen wie z. B. Fußböden passen.

Do it yourself?

Die Technik zum Erzielen von Holzoptik ist relativ einfach, sollte aber zunächst ausprobiert werden. Sorgfältiges Studieren der jeweiligen Holzarten hilft bei der realistischen Darstellung. Zwei Schichten Mattfarbe, z.B. in Terracotta, auf die geglättete Oberfläche auftragen und trocknen lassen. Dann eine Lasur in dunklerem Braun darüber streichen. Lasur auf Wasserbasis trocknet sehr schnell, daher in kleinen Abschnitten vorgehen. Der Maserungseffekt entsteht durch Ziehtechnik mit einem feinen Pinsel (zu Ziehtechnik siehe S. 199). Windungen aufmalen, um das Muster einer echten Maserung darzustellen; man kann sogar mit einem Tropfen Lasur Astlöcher imitieren. Das Ganze wird mit einem langborstigen weichen Pinsel etwas verwischt. Für die Imitation hellerer Hölzer wie Ahorn benutzt man hellere Holzlasur und eine ähnliche Technik mit Lasur auf Wasserbasis, die als Clairbois bekannt ist.

Praktische Checkliste

FARBAUSWAHL

Farbe ist das einfachste und preisgünstigste Element bei der Raumgestaltung. Außerdem erzielt man mit Farbe schnelle Ergebnisse; schließlich kann man einen Raum innerhalb eines Tages umgestalten. Ein Anstrich muss allerdings sorgfältig geplant werden. Raumgestaltern zufolge macht die Vorbereitung sogar 90 Prozent der gesamten Arbeit aus.

Erstellen eines Gestaltungskonzeptes

Dieses Buch bietet ab Seite 14 eine Fülle von Ratschlägen zur Auswahl von Farbe und Anstrichtechnik. Trotzdem sollten noch einige Hinweise beachtet werden:

- Besorgen Sie sich Muster der Farben, die Sie in Betracht ziehen und probieren Sie sie auf einer Pappe oder einem Stück der Wand aus.
- Betrachten Sie die Muster bei verschiedenen Lichtbedingungen.
- Achtung: Farben verändern sich immer nach dem Trocknen; meist werden sie dunkler.
- Treffen Sie ihre Farbauswahl nicht nach Vernunft oder Trends, verlassen Sie sich auf Ihren Instinkt.

- Ob modern, traditionell, feminin oder auffällig – Sie sollten von dem gewünschten Effekt voll überzeugt sein.
- Wenn Sie nicht gerade Ihre komplette Einrichtung umgestalten, bedenken Sie, welche Farben zu den vorhandenen Möbeln und Accessoires im Raum passen.
- Bedenken Sie Art und Weise des natürlichen Lichteinfalls im Raum. Würden sich zum Beispiel eher sonnigere Farben eignen?
- Wie steht es mit Größe und Proportionen des Raums? Möchten Sie ihn größer oder eher gemütlich erscheinen lassen? Sollen bestimmte Eigenschaften des Raums betont oder überspielt werden? (Siehe „Proportionen verändern", S. 154)
- Bedenken Sie nicht nur Farbkontraste und Akzente, sondern auch Ton und Struktur. Die meisten Farbschemen profitieren von unterschiedlichen Farbwerten und Strukturen.
- Ziehen Sie ein antikes oder exotisches Schema in Betracht? Wer auffällige Effekte erzielen will, sollte überlegen, wie man das Schema auch auf Möbel und Accessoires übertragen kann.

FARBART	AUSSEHEN/EIGENSCHAFTEN	OBERFLÄCHEN	GEEIGNETE RÄUME
Matte oder mattglänzende Wandfarbe	Matter Farbauftrag; meist nur bedingt widerstandsfähig, schwer zu säubern	Wände und Decken	Elternschlafzimmer, formale Esszimmer
Glänzende Wandfarbe	Glänzend; unempfindlich und abwaschbar	Wände, Decken und Kanten	Kinderzimmer, Küchen, Badezimmer, Waschküchen, Vorratskammern
Halbglänzende Farbe	Zwischen matt und glänzend; haltbar	Wände und Holzarbeiten	Kinderzimmer, Eingangsbereiche, Treppenhäuser, Badezimmer, Wohnzimmer
Alkyd- / Ölfarbe	Glänzend; unempfindlich und abwaschbar	Holz und Metall	Türen, Stühle und Bilderrahmen, Accessoires aus Holz und Metall
Lack	Glänzend oder matt; beständig	Unbehandeltes Holz und einige gestrichene Oberflächen	Stark beanspruchte Bereiche wie Eingangsbereiche
Beize	Naturfarben oder koloriert	Holz	Reine Holzoberflächen wie Möbel oder nicht stark beanspruchte Bereiche

- Wenn Ihnen normal gestrichene Wände zu langweilig erscheinen, wählen Sie eine spezielle Anstrichtechnik. Starke Effekte erzielt man durch Muster, Bilder oder Trompe l'oeil. Bedenken Sie dabei, ob Größe und Einrichtung des Raumes zu solchen Effekten passen. Struktur oder Imitationen können dem Schema Tiefe verleihen. Bedenken Sie die Kombination mit anderen Strukturen und Mustern im Raum.

Farbarten

Wenn Ihr Farbschema feststeht, müssen Sie sich für die Art der Farbe entscheiden. Dabei sollten Sie Folgendes bedenken:

- Welche Oberfläche wollen Sie streichen? Wählen Sie für Holz und Metall die Farben, die empfohlen werden. Oberflächen wie Holz, Metall oder ungestrichener Putz bedürfen wahrscheinlich einer Grundierung oder eines Dichtungs/Versiegelungsmittels. Grundierungen benutzt man auch für bereits gestrichene Oberflächen, die repariert wurden oder Abnutzungsspuren aufweisen, z.B. abblättern.
- Müssen die gestrichenen Bereiche feuchtigkeitsbeständig sein oder starker Abnutzung standhalten, wie Küchen oder Badezimmer? Wählen Sie speziell empfohlene Farben, die auch abwaschbar sind.
- Überlegen Sie sich, wieviel Glanz sie wünschen. Hochglanzfarben reflektieren mehr Licht und haben eine härtere Oberfläche, die oft abwaschbar ist.
- Für bestimmte Anstrichtechniken eignen sich oft nur spezielle Farbarten (siehe die Anmerkungen zu den Details ab Seite 176).

Die letzte Entscheidung, die es zu fällen gilt, betrifft das Bindemittel. Man unterscheidet zwei Grundarten: Farben auf Wasserbasis (Dispersion) und auf Ölbasis (Alkydharz). Bis vor einigen Jahren wurden Farben auf Wasserbasis für Wände und Decken, Ölfarben hingegen für Holz und Metall verwendet. Mittlerweile gibt es aber auch neue Farben auf Wasserbasis, die sich für diverse Oberflächen eignen. Generell gilt, dass Ölfarben nicht so schnell abnützen, aber schwerer anzuwenden sind (siehe Tabelle links). Farbe auf Wasserbasis riecht nicht so stark, lässt sich gut auswaschen, trocknet schnell und kann nach vier Stunden übergestrichen werden. Ein solcher Anstrich verschmutzt allerdings schnell und eignet sich nicht für stark beanspruchte Oberflächen. Ölfarbe dagegen ist

FARB- ODER LACKART	UNGEFÄHRE FLÄCHE PRO LITER
Emulsion	ca. 20 Quadratmeter
Mattfarbe	ca. 20 Quadratmeter
Lack auf Ölbasis / Öllack	ca. 22 Quadratmeter
Lack	ca. 19 Quadratmeter
Holzbeize	ca. 30 Quadratmeter

härter, schmutzbeständiger und abwaschbar. Malutensilien lassen sich nur mit Farbverdünner säubern. Ölfarbe erfordert eine Grundierung und mehr als eine Deckschicht; sie trocknet langsam und riecht stark nach Lösungsmitteln.

Wieviel Farbe?

Um zu entscheiden, wieviel Farbe Sie kaufen müssen, berechnen Sie zunächst die Größe der zu streichenden Oberfläche. Dafür multiplizieren Sie die Höhe des Raums mit seiner Gesamtlänge (die Summe der Länge aller Wände). Die Größe der Deckenbereiche wird durch Messung der Fußbodenfläche ermittelt. Je nach Empfehlung des Herstellers ist ein Anstrich meist ausreichend deckend. Ölfarbe erfordert eine Grundierung und mindestens eine Deckschicht. Die Tabelle oben hilft bei der groben Berechnung der benötigten Mengen. Kaufen Sie die gesamte Farbe auf einmal, um Abweichungen im Farbton zu vermeiden.

Tapeten

Beliebt ist auch die Kombination von Farbe mit Tapeten, z. B. auf einer Wandhälfte oder einer Einzelwand. Das wirkt nicht nur interessant, sondern eignet sich auch gut für Experimente mit auffällig gemusterten Tapeten, die im ganzen Raum viel zu dominant wären. Vielleicht wollen Sie aber auch ganz auf die Arbeit des Anstreichens verzichten und ziehen eine einheitlich gemusterte Oberfläche vor? Mit Tapeten kann man einen Raum schnell und entscheidend verändern, wobei das Angebot an verschiedenen Arten und Mustern riesig ist. Wenn Wände in keinem guten Zustand sind, bieten Untertapeten eine ebenmäßige Basis für einen Anstrich. Wer mehr Struktur wünscht, streicht einfach über eine Strukturtapete.

Bei der Auswahl von gemusterten Tapeten gelten bezüglich Farbschemen und Muster dieselben Prinzipien wie bei der Wahl von Farben und Anstrichtechniken. Große Muster lassen einen Raum beispielsweise kleiner, vertikale Streifen höher erscheinen. Verschiedene Muster auf Wandober und -unterhälfte können sehr dekorativ wirken. Bordüren geben Wänden den letzten Schliff.

Es gibt zahlreiche verschiedene Arten von Tapeten:

- Untertapeten ebnen raue Wände fürs Anstreichen oder Tapezieren.
- Standardtapeten sind normalerweise maschinell bedruckt und preiswert. Je schwerer das Papier, desto besser ist die Qualität.
- Abwaschbare Tapeten, z. B. Vinyltapeten oder vinylbeschichtete Tapeten, eignen sich dank ihrer Pflegeleichtigkeit gut für Kinderzimmer.
- Prägetapeten oder Strukturprofiltapeten haben ein dekoratives Reliefmuster.
- Streichbare Strukturtapeten werden aus Leinöl und Flachs hergestellt, was dem Tapetenpapier eine widerstandsfähige, streichbare Oberfläche verleiht.
- Velourtapeten zeichnen sich durch ein Reliefmuster mit samtartiger Oberfläche aus.
- Einige Tapeten aus Naturtextilien, wie z.B. Sackleinen oder Jute, sind unempfindlich und besitzen eine interessante Struktur.

DO IT YOURSELF

Wer die Umgestaltung seiner Räume selbst in Angriff nimmt, spart natürlich viel Geld. Außerdem kann es sehr befriedigend sein, wenn man mit seiner eigenen Arbeit sichtbare Erfolge in einem Raum erzielt. Oft bekommt man sogar Lust, noch mehr Räume umzugestalten. Bevor Sie jedoch nun sofort zum Pinsel greifen, bedenken Sie Folgendes:

- Sind Sie in der Lage, die gewünschte Arbeitsqualität selbst zu liefern?
- Haben Sie die benötigte Ausrüstung?
- Haben Sie genug Zeit? Kaufen der Ausrüstung, Vorbereiten des Raums und der Anstrich selbst – all das dauert länger, als man denkt.
- Haben Sie jemanden, der Ihnen hilft? Manche Arbeiten, z.B. Tapezieren, gehen leichter zu zweit.
- Vielleicht können Sie auch die grundlegenden Arbeiten selbst erledigen und für die schwierigen Teile, z.B. eine komplizierte Anstrichtechnik, einen Profi beauftragen?
- Wo können Sie Materialien und Ausrüstung lagern?

Und schließlich: Selbst Hand anlegen kann bedeuten, Raum für Raum vorzugehen, da man nicht eine ganze Etage oder ein ganzes Haus auf einmal umgestalten kann. Daher müssen Sie ihre Pläne vielleicht etwas zurückschrauben, damit sie zeitlich realisierbar werden.

Ein Budget festlegen

Listen Sie alles auf, was Sie benötigen, einschließlich Farbe, Tapeten, Werkzeuge und Vorbereitungsmaterial. Bei einem Bummel durch Fachgeschäfte oder durch Internetrecherche können Sie sich über die ungefähren Preise informieren. Die größte Investition ist allerdings Ihre Zeit.

Die Tabelle auf der vorherigen Seite hilft Ihnen bei der Kalkulation der benötigten Farbmengen. Die Ausrüstung, die Sie kaufen, können Sie sicher später noch benutzen, wenn Sie sie sorgfältig behandeln. Damit sind die Ausgaben relativ gering.

Spezialfarben wie Metalliclack oder bestimmte Lasur sind teurer als Wand- und Deckenfarben, aber man kauft sie in relativ kleinen Mengen. Für einige Techniken, z.B. dem Vergolden, benötigt man teure Materialien, für die meisten Arbeiten aber nicht.

Je nach Qualität und Ausführung gibt es Tapeten in den unterschiedlichsten Preiskategorien. Abwaschbare Tapeten sind beispielsweise teurer als normale. Billige Tapeten können zum Verblassen neigen.

Bevor Sie anfangen

Gute Raumausstatter brauchen für die Vorbereitung länger als für den Anstrich, denn Mängel in den Oberflächen rächen sich beim Anstreichen. Bedenken Sie Folgendes:

- Schützen Sie Möbel und Fußböden vor Staub bevor Sie mit der Vorbereitung der Oberflächen beginnen.
- Elektrische Geräte wie Fernseher oder Musikanlagen entfernen oder gut vor Staub schützen.
- Wenn möglich, rollen Sie Teppiche auf, so dass sie mindestens 60 cm von der Wand entfernt liegen.
- Kleben Sie Plastiktüten über feste Installationen wie Wandleuchten (Glühlampen vorher entfernen).
- Kleine Löcher und Risse mit entsprechenden Massen ausbessern; dann leicht abschleifen. Das macht Dreck und kostet Zeit, aber nur so werden die Oberflächen glatt.
- Abgeblätterte Farbe abkratzen und glattschmirgeln.
- Versiegeln Sie Astlöcher im Holz, sodass kein Harz mehr austreten kann.

- Abgeschmirgelte Oberflächen vor dem Streichen immer abwischen. Wenn Sie Alkydfarbe benutzen, tränken Sie den Lappen in Terpentinersatz.

Tipps für den Anstrich
- Entscheidend ist die richtige Ausrüstung (unten).
- Am besten fängt man immer mit der Decke an, danach streicht man die Wände und führt zum Schluss Holz- oder Metallarbeiten aus.
- Streichen Sie möglichst bei Tageslicht, dann sehen Sie Unebenheiten und Fehler.

- Nehmen Sie nicht zuviel Farbe mit dem Pinsel auf und lassen Sie ihn von den nassen Bereichen ausgehend über die Oberfläche gleiten.
- Erst die Ecken streichen; dann davon ausgehend über die ganze Oberfläche streichen.
- Streichen Sie immer bei offenem Fenster. So trocknet die Farbe schneller und Chemikalien und Gerüche ziehen ab.
- Beim Streichen von Decken oder beim Gebrauch von Sprühpistolen Schutzbrille tragen: Schwimmbrillen sind ideal, da sie nichts durchlassen.

WERKZEUG	VERWENDUNGSZWECK	ANMERKUNGEN
Schmirgelpapier	Oberflächen glätten	Gibt es in verschiedenen Stärken: feine Körnung zum Glätten ausgebesserter Wände; für große Flächen Schleifpapier um einen Schleifklotz wickeln.
Japanspachtel	Kleine Löcher schließen	Nach Gebrauch abwischen.
Pinsel in verschiedenen Größen	Farbe auf kleine Flächen auftragen	Für Ecken kleine Pinsel benutzen; breite Pinsel eignen sich für große Wandflächen. Nach Gebrauch säubern, sonst kleben die Borsten zusammen.
Farbeimer	Farbbehältnis während der Arbeit auf einer Leiter	
Farbrolle und -wanne	Farbe auf Wände und Decken auftragen	Bessere Rollen sind aus Lammwolle; andere aus synthetischen Materialien.
Farbkissen und Applikatoren	Große Flächen gestalten	
Spritzpistole	Große Flächen gestalten	Kann man mieten
Leiter		Muss stabil sein
Abdeckplane	Möbel und Teppich vor Farbspritzern schützen	
Terpentin, Reinigunsbenzin, Terpentinersatz	Alkydfarben verdünnen oder auswaschen	
Maler- oder Abklebeband	Flächen oder Oberflächen vor Farbe schützen	Schutz für Fenster und Leisten
Schutzbrille	Schutz der Augen	
Maske	Schutz der Lunge	

- Wenn Sie fertig sind, verlassen Sie den Raum und betrachten Sie ihn dann aus neuer Perspektive. So bemerken Sie kleine Fehler, die korrigiert werden müssen.

Wer seine Ausrüstung richtig behandelt und gut pflegt, hat mehr davon:

- Legen Sie Plastikfolie über die Farbe, bevor Sie sie verschließen: so trocknet sie nicht aus.
- Farbdosen nicht einfach zuhämmern: besser ein Stück Holz auf den Deckel legen und zuklopfen, sodass er sich gleichmäßig schließt.
- Beschriften Sie Farbdosen mit der Farbe und der Stelle, wo sie benutzt wurde. So sind sie schnell griffbereit, wenn es später gilt, Stellen nachzubessern.
- Wenn Sie Pausen einlegen, bewahren Sie nasse Pinsel in Plastiktüten auf, damit Sie nicht austrocknen.
- Wandfarbe mit warmem Wasser und etwas Reinigungsmittel auswaschen und ausspülen.
- Pinsel behalten ihre Form, wenn man sie zum Trocknen in Zeitungspapier einwickelt. So fransen die Borsten nicht aus.

Tipps zum Tapezieren

Tapezieren ist meist einfacher, wenn man zu zweit arbeitet. Wichtig sind eine gute Ausrüstung und ein sauberer Arbeitsplatz. Hier einige Tipps zum Tapezieren:

- Nur wenige Wände sind wirklich gerade. Daher benötigen Sie eine Richtschnur zur Markierung.
- Messen Sie die Höhe der Wand und schneiden Sie die Tapete etwa 10 cm länger.

- Beim Zuschneiden gemusterter Tapeten auf die Anschlussstellen des Musters (Rapport) achten.
- Immer von der Mitte zu den Enden bürsten.
- Leichte Papier- und Vinyltapeten können schnell aufgeklebt werden. Bei schweren Tapeten muss der Kleister etwa 10 Minuten einwirken. Es gibt auch selbstklebende Vinyltapeten.

EINEN PROFI ENGAGIEREN

Wenn Ihnen das Heimwerken nicht liegt, sollten Sie einen professionellen Raumausstatter engagieren. Hier einige Gründe, die für eine professionelle Umsetzung sprechen könnten:

- Sie wissen, dass Sie nicht genug Zeit für die Arbeit erübrigen können.
- Sie haben keine Lust, stundenlang in Baumärkten nach Ausrüstung und Materialien zu suchen – dazu ist Ihnen Ihre Freizeit zu schade!
- Ihnen liegt Anstreichen und Gestalten nicht wirklich, und Sie trauen sich das Projekt nicht zu. Vielleicht wissen Sie auch nicht, wo Sie das nötige Zubehör bekommen (oder haben kein Fachgeschäft in Ihrer Nähe) oder wie man spezielle Effekte erzielt.
- Sie wissen nicht genau, was Sie wollen, und benötigen fachliche Beratung.
- Sie haben viele Ideen, sind sich aber nicht sicher, ob sie zu realisieren sind. Daher brauchen Sie Beratung und eventuell auch entsprechende Entwürfe zur besseren Beurteilung. Oder Sie haben eigene Ideen für einzelne Räume, wissen diese aber nicht in einem Gesamtkonzept zu vereinen.
- Ihr Haus stammt aus einer bestimmten Zeit und Sie brauchen Beratung zum Thema Antikfarben und Details.

	WAS KANN ER?	WAS KANN ER NICHT?	VORTEILE	NACHTEILE
Maler	Die komplette praktische Innenausstattung.	Ein Konzept für Sie entwickeln oder auswählen.	Preisgünstiger als ein Raumausstatter; bietet das handwerkliche Know-how, das Ihnen fehlt.	Wenig kreative Ideen zur Gestaltung; muss von Ihnen beaufsichtigt werden.
Innenausstatter	Liefert neue Ideen; engagiert Arbeitskräfte; prüft technische Details wie elektrische Sicherheit.		Entwickelt ein Gestaltungskonzept; engagiert und beaufsichtigt Handwerker.	Teurer; drückt dem Ergebnis vielleicht zu sehr seinen eigenen Stempel auf, wenn Sie Ihre Ideen nicht klar zum Ausdruck bringen.

Sie haben die Wahl: Malerbetrieb oder Innenausstatter. Wenn Sie bereits konkrete Vorstellungen über Gestaltung, Preise und Materialien haben, wenden Sie sich an einen Malerbetrieb. Sie brauchen dann praktisch nur jemanden, der Ihr Konzept professionell umsetzt. Wenn Sie allerdings nach kreativen Ideen suchen, kann Ihnen ein Innenausstatter die nötigen Anregungen und Vorschläge liefern. Die Tabelle links soll Ihnen die Entscheidung zwischen Malerbetrieb und Innenausstatter erleichtern.

Einen Malerbetrieb finden und instruieren

Ein Malerbetrieb kann aus einer Einzelperson oder einem kleinen Team bestehen. Sie werden einige Zeit in ihrem Haus verbringen und es mit ihrer Arbeit umgestalten. Daher sollte man einen vertrauenswürdigen Betrieb auswählen. Jeder kann sich als Profi bezeichnen. Deshalb ist es wichtig, die folgenden Aspekte in die Auswahl eines geeigneten Betriebes einzubeziehen:

- Holen Sie sich Ratschläge von Freunden oder anderen örtlichen Dienstleistern ein.
- Wenden Sie sich an einen seriösen Fachverband, der ein verlässliches Unternehmen empfiehlt.
- Die Firma sollte eine Büroanschrift und Telefonnummer haben – steht meist auf dem Briefkopf.
- Studieren Sie Anzeigen und Empfehlungen in regionalen Zeitungen und auf lokalen Websites.
- Erkundigen Sie sich bei in Frage kommenden Betrieben nach Referenzen und prüfen Sie diese. Einem echten Profi macht das nichts aus.
- Lassen Sie sich Fotos fertiger Arbeiten zeigen.
- Wenn Sie spezielle Effekte wünschen, engagieren Sie einen Ziermaler. Lassen Sie sich auch hier Arbeitsbeispiele zeigen.
- Treffen Sie sich einige Male vor Arbeitsbeginn mit dem Maler, und gehen Sie sicher, dass Sie ihm vertrauen können. Sie müssen nicht beste Freunde werden, aber ehrlich miteinander umgehen.
- Erkundigen Sie sich nach ungefährem Kosten- und Zeitaufwand.
- Das Beste ist eine klare und schriftliche Anweisung zu den entsprechenden Arbeiten.

Einen Innenausstatter finden und instruieren

Beachten Sie die obigen Hinweise bezüglich Malerbetrieben, und außerdem Folgendes:
- Wenn Ihnen eine Innenausstattung gefällt, fragen Sie nach dem Ausstatter und kontaktieren Sie ihn.
- Beauftragen Sie Raumausstatter, die sich mit

Wohnräumen auskennen – viele sind spezialisiert auf Büroräume, Läden, öffentliche Gebäude oder Ähnliches.
- Vielleicht möchten Sie überprüfen, ob der Ausstatter zu einem Fachverband gehört? Der Verband International Federation of Interior Architects/Designers (IFI) repräsentiert über 52 Mitgliedsverbände und über 25.000 Innenausstatter weltweit. Auf der Website finden Sie entsprechende Verbände in Ihrem Land.
- Im Gespräch mit potentiellen Ausstattern sollten Sie sich bewusst sein, was Sie von der Person und vom Konzept erwarten.
- Legen Sie im Voraus Ihr Budget fest und halten Sie sich daran. Wenn es sich als zu klein für Ihre Pläne erweist, überdenken Sie sie oder verteilen Sie die Arbeit über mehrere Jahre.
- Halten Sie Muster, Ausschnitte aus Zeitschriften oder Fotos bereit, um Ihre Vorlieben für Stoffe, Muster, Effekte und Farben zeigen zu können.
- Entscheiden Sie, welche Möbelstücke Sie definitiv behalten wollen, und erstellen Sie eine Liste.
- Überdenken Sie Ihre Raumaufteilung. Soll sie vielleicht verändert werden?
- Bereiten Sie sich auf ein Gespräch vor. Ein erfahrener Raumausstatter setzt Ihre Ideen in ein praktisches Konzept um; dafür wird er schließlich bezahlt.

Kosten- und Projektmanagement

Wen auch immer Sie engagieren: Übermitteln Sie klar Ihre Vorstellungen und überprüfen Sie die Arbeit. Das ist besonders wichtig, wenn Sie sich auf stunden- oder tageweise Bezahlung statt eines Pauschalpreises geeinigt haben. Unentschlossenheit oder Unklarheiten kosten Zeit und Geld.

- Vereinbaren Sie schriftlich einen Pauschalpreis, Tagessatz oder Stundenlohn.
- Einigen Sie sich, für was Sie bezahlen, z. B. für welche Materialien.
- Ihr Budget muss eine Sicherheitsrücklage für unerwartete Kosten beinhalten.
- Vereinbaren Sie, wann Sie zahlen. Manche Raumausstatter verlangen einen Vorschuss für Materialien und Auslagen, und lassen sich den Rest nach der fertigen, zufriedenstellenden Arbeit auszahlen.
- Vereinbaren Sie einen detaillierten Plan und legen Sie regelmäßige Treffen fest, um zu sehen, ob er von allen eingehalten wird. Solche Treffen könnten je nach Länge des Projekts zum Beispiel einmal die Woche stattfinden.

Adressen

Die folgende Liste von Verbänden, Institutionen und Herstellern gibt einen Überblick und dient als Orientierung. Sie bezieht sich auf Unternehmen und Institutionen im deutschsprachigen Raum und erhebt keinen Anspruch auf Vollständigkeit.

VERBÄNDE / INSTITUTIONEN

Bund Deutscher Innenarchitekten BDIA, e.V.
Königswinterer Str. 675
D-53227 Bonn
0049 (0)228 90 82 940
www.bdia.de

Bund Österreichischer Innenarchitekten, BÖIA
Sekretariat Wien
Penzinger Straße 23
A-1140 Wien
0043 (0)1 894 21 11
www.innenarchitekten.at

Zentralverband Raum und Ausstattung, ZVR
Burgstrasse 81
D-53177 Bonn
0049 (0)228 3 67 90 0
www.zvr.de

Deutsches Farbenzentrum e. V.
Hohenzollerndamm 123
D-14199 Berlin
0049 (0)30 61076398
www.deutsches-farbenzentrum.de

Hauptverband Farbe, Gestaltung, Bautenschutz
Hahnstraße 70
D-60528 Frankfurt a. M.
0049 (0)69 66 57 5 300
www.farbe.de

Bundesinnung der Tapezierer, Dekorateure und Sattler
Wirtschaftskammer Österreich
Schaumburgergasse 20/6,
A-1040 Wien
0043 (0)1 50569 60221
www.raumausstatter.at

Interieursuisse
Schweizerischer Verband der Innendekorateure des Möbelfachhandels und der Sattler
Gurzelngasse 27
CH-4500 Solothurn
0041 (0)32 623 86 70
www. interieursuisse.ch

Bundesverband Deutscher Heimwerker-, Bau- und Gartenfachmärkte e. V.
An der Rechtschule 1-3
D-50667 Köln
0049 (0)221 277 595 0
www.heimwerkerverband.de

BFT Bundesverband Farben- und Tapetenhandel e. V.
Am Lyskirchen 14
D-50676 Köln
0049 (0)221 92 15 09 81
www.farbenverband.de

Verband der deutschen Lackindustrie e. V.
Mainzer Landstr. 55
D-60329 Frankfurt am Main
0049 (0)69 2556 1411
www.lackindustrie.de

Unternehmerverband Historische Baustoffe e. V.
Dreihäusle 3
D-78112 St. Georgen
0049 (0)7724 35 89
www.historische-baustoffe.de

Förderverein Bundesstiftung Baukultur e. V.
Köpenicker Str. 48 / 49
D-10179 Berlin
0049 (0)30 278 757 97
www.bundesstiftung-baukultur.de

VST
Verband Schweizerischer Handelsfirmen für Tapeten und Wandbekleidungen
Postfach 673
CH-8037 Zürich
0041 (0)272 73 85
www.tapetenwechsel.ch

Verband der Schweizerischen Lack- und Farbenfabrikanten VSLF / USVP
Rudolfstrasse 13
CH-8400 Winterthur
0041 (0)52 202 84 71
www.vslf.ch

HERSTELLER FARBEN / LACKE

Alligator Farbwerke GmbH
Markstraße 203
D-32130 Enger
0049 (0)5224 9 30
www.alligator.de

Alpina Farben GmbH
Roßdörfer Straße 50
D-64372 Ober-Ramstadt
0049 (0)6154 710
www.alpina-farben.de

Brillux GmbH & Co. KG
Weseler Straße 401
D-48163 Münster
0049 (0)2 51 71 88
www.brillux.de

Caparol Farben Lacke Bautenschutz GmbH & Co. Vertriebs KG
Roßdörfer Straße 50
D-64372 Ober-Ramstadt
0049 (0)6154 710
www.caparol.de

G.E. Habich's Söhne GmbH & Co. KG
Burgstraße 3
D-34359 Reinhardshagen
0049 (0)5544 791 0
www.habich.de

ICI Paints Deco GmbH
Düsseldorfer Straße 96-100
D-40724 Hilden
0049 (0)2103 20 58-00
www.ici-paints.de

Jobi GmbH
Im Weidig 27
D-63785 Obernburg a. Main
0049 (0)6022 625 0
www.jobi-farben.de

Keimfarben GmbH & Co. KG
Keimstr. 16
D-86420 Diedorf
0049 (0)821 480 20
www.keimfarben.de

Keimfarben Ges.m.b.H.
Pebering-Straß 16
A-5301 Eugendorf
0043 (0)6225 85 11
www.keimfarben.at

Krautol Vertriebs GmbH
Industriestr. 13
D-67346 Speyer
0049 (0)6232 130 341
www.krautol.de

Peter Interior Farben
Isestraße 84
D-20149 Hamburg / Germany
0049 (0)4048 25 09
www.peter-interior-farben.de

Remmers Baustofftechnik GmbH
Bernhard-Remmers-Str. 13
D-49624 Löningen
0049 (0)5432 83 0
www.remmers.de

Sto AG
Ehrenbachstraße 1
D-79780 Stühlingen
0049 (0)7744 57 0
www.sto.de

MINERAL- / NATURFARBEN

AURO Pflanzenchemie Aktiengesellschaft
Alte Frankfurter Straße 211
D-38122 Braunschweig
0049 (0)531 28141 0
www.auro.de

Beeck'sche Farbwerke
Postfach 810224
D-70519 Stuttgart
0049 (0)711 900 200
www.beeck.de

biopin Vertriebs-GmbH
Linumweg 1-8
D-26441 Jever
0049 (0)4461 7575-0
www.biopin.de

Casa Natura
Alte Balinger Straße 34
D-72336 Balingen
0049 (0)7433 38 11 47
www.casanatura24.de

Kreidezeit Naturfarben GmbH
Cassemühle 3
D-31196 Sehlem
0049 (0)5060 6 08 06 50
www.kreidezeit.de

Naturhaus Naturfarben GmbH
Eichenstr. 8
D-83083 Riedering
0049 (0)8036 30 05 0
www.naturhaus.net

Sehestedter Naturfarben, Inh. Adolf Riedl e.K.
Alter Fährberg 7
D-24814 Sehestedt
0049 (0)4357 10 49
www.sehestedter-naturfarben.de

Volvox / Ecotec Naturfarben GmbH
Kalkofenweg 2
D-58513 Lüdenscheid
0049 (0)2351 9 53 95
www.volvox.de

PIGMENT- / FARBHERSTELLER

Kremer Pigmente GmbH & Co. KG
Hauptstr. 41 - 47
D-88317 Aichstetten
0049 (0)7565 911 20
www.kremer-pigmente.de

LINKS

www.Raumausstattung.de
www.raumausstatter.net

www.colorsystem.com
www.farbe-licht-raum.eu
www.farbqualitaet.de

Glossar

ABBEIZEN Entfernen alter Farbe

ABBLÄTTERN Ablösen von Farbstücken vom Untergrund

ABSPERRMITTEL Grundierung, die verhindern soll, dass der Schlussanstrich in den Untergrund dringt

ABTÖNFARBE Konzentrierte Farbe, die man einer Grundfarbe beimischt, um einen bestimmten Farbton zu erzielen

ABTÖNEN Das Versetzen einer flüssigen Farbe mit Abtönfarbe

ACRYLLACK Anstrichstoff auf Basis von synthetischem, thermoplastischem, filmbildendem Material

ALKYDHARZ Synthetisches Harz, das in kunstharzbasierenden Farben verwendet wird

ALUMINIUMFARBE Farbe mit metallischer Optik

ANSATZ Bereich, in dem benachbarte Anstrichbereiche überlappen

ATMEN Die Durchlässigkeit für Wasserdampf vom Untergrund durch den Anstrich

AUSBLEICHEN Verlust der Farbintensität, meist durch die Auswirkungen des Sonnenlichts

BEIZE Teilweise transparente Beschichtung, durch die Holz gefärbt werden kann, ohne die Maserung und/oder Struktur zu verdecken

BINDEMITTEL Bestandteil von Farbe, der die Pigmentpartikel zu einem gleichmäßigen, durchgängigen Anstrichfilm bindet und die Haftung der Farbe bewirkt. Art und Menge sind entscheidend für Eigenschaften wie Abwaschbarkeit, Haftvermögen oder Farbhaltung

BLASENBILDUNG Dellenförmige Ausbuchtungen im Anstrichfilm

DECKFÄHIGKEIT (OPAZITÄT) Das Vermögen, Licht nicht durchzulassen

DECKSCHICHT Auch Schlussanstrich genannt; die letzte Schicht in einem Anstrichaufbau

DECKVERMÖGEN Das Vermögen einer Farbe oder Beize, die Oberfläche, auf der sie aufgetragen wird, zu verdecken

DISPERSIONSFARBE Wasserverdünnbare Farben, deren Bindemittel nicht wasserlöslich, sondern als relativ große feste Teilchen im Wasser fein verteilt (dispergiert) sind

ELASTIZITÄT Die Eigenschaft einer Farbe oder Dichtungsmasse, sich zusammen mit dem Untergrund ausdehnen und zusammenziehen zu können, sodass z. B. keine Risse entstehen

ERGIEBIGKEIT Auch Auftragsmenge oder Verbrauch: Das Volumen einer Farbe, mit dem eine bestimmte Fläche gestrichen werden kann

FARBE (ANSTRICHSTOFF) Ein undurchsichtiger Anstrichstoff, der im Allgemeinen aus Bindemitteln, Flüssigkeiten, Additiven und Pigmenten hergestellt wird. Wird in flüssiger Form aufgetragen und trocknet unter Bildung eines kontinuierlichen Films aus, der das Aussehen des Untergrunds verbessert

FARBECHT Das Vermögen, unter normalen Bedingungen den Farbton zu behalten und nicht übermäßig auszubleichen

FARBGRUNDTON Der Grundton einer Farbe, z. B. Rot oder Grün. Hellere oder dunklere Abwandlungen haben immer noch denselben Grundton

FARBKREIS Kreisförmiges Schema mit keilförmigen Abschnitten in verschiedenen spezifischen Farbtönen

FARBTRÄGER (VEHIKEL) Der flüssige Teil einer Farbe, in dem das Pigment dispergiert ist. Der Träger besteht aus Verdünnungs- und Bindemittel

FEUCHTIGKEITSBESTÄNDIGKEIT Die Eigenschaft eines Anstrichs, Feuchtigkeitsschäden wie Quellung oder Blasenbildung zu widerstehen

FILMBILDUNG Die Bildung eines kontinuierlichen trockenen Films durch ein Bindemittel

FLECKENBESTÄNDIGKEIT Beständigkeit eines Anstrichs gegen Verschmutzungen / Schmutzaufnahme

FLIESSVERMÖGEN Das Vermögen eines Anstrichs, nach dem Auftragen zu verfließen, sodass keine Pinsel- und Farbrollerspuren zu sehen sind

FÜLLVERMÖGEN Die Dicke, zu der eine Farbe beim normalen Auftragen tendiert

FUNGIZID Mittel, das manchen Farben zugesetzt wird, um den Befall mit Schimmel oder anderen Pilzen auf der Oberfläche zu verhindern

GLANZ Die spiegelnde Glätte oder das Reflexionsvermögen eines Anstrichs. Matte Farben zeigen keinen Glanz, Hochglanzfarben hingegen einen starken Glanz

GLANZSTELLENBILDUNG Die Entstehung von glänzenden Stellen auf einem Anstrichfilm durch Reiben oder Abwaschen

GRUNDIERUNG Die erste vollständige Schicht, die in einem Anstrichaufbau aufgebracht wird. Meist dafür ausgelegt, eine gute Haftung zwischen der Oberfläche und den nachfolgenden Anstrichschichten herzustellen

HAFTVERMÖGEN Das Vermögen einer getrockneten Farbe auf der Oberfläche zu haften

ISOLIERGRUND Flüssigkeit, die verhindert, dass zu viel Farbe oder Kleister von porösen Untergründen (Gipsputz, Trockenputz, Gipskarton o. a.) aufgesaugt wird

GRIFFFEST TROCKEN Trocknungszustand eines Anstrichs, bei dem dieser sich nicht mehr klebrig oder feucht anfühlt, wenn man die Fläche leicht berührt

KOMPLEMENTÄRFARBEN Zwei Farben, die sich auf dem Farbkreis direkt gegenüberliegen, z. B. Rot und Grün oder Blau und Gelb

KONSERVIERUNGSMITTEL Substanz, die das Wachstum von Mikroorganismen z. B. in Dispersionsfarben verhindern soll, die die Farbe verderben würden

KONSISTENZ Dicke oder Streichbarkeit einer Farbe

KONTRASTIERENDE FARBEN Farben, die durch mindestens drei andere auf dem Farbkreis getrennt sind

KUNSTHARZLACK Anstrichstoff auf Basis von synthetischem, thermoplastischem filmbildendem Material, das in organischem Lösemittel gelöst ist

LATEXFARBE Wasserverdünnte Farben mit synthetischem Bindemittel Latex. Sind weniger atmungsaktiv als Acrylharzfarben, aber besonders widerstandsfähig und pflegeleicht

LICHTREFLEXIONSWERT (LRW) Die Menge des Lichts, das eine gestrichene Fläche reflektiert

LÖSEMITTEL Eine normalerweise flüchtige Flüssigkeit, in der die filmbildenden Partikel einer Farbe gelöst oder dispergiert sind

MATTFARBE Farbe mit wenig oder gar keinem Glanz

NETZADERBILDUNG Muster von kurzen, eng zusammenliegenden Rissen in der Deckschicht eines Anstrichs. Tritt auf, wenn Farbe an Elastizität verliert

PIGMENT Eine pulverförmige Substanz, Grundbestandteil einer Farbe. Bestimmt den Weißgrad oder Farbton, die Deckkraft und das Volumen

PRIMÄRFARBEN Die Grundfarben Rot, Gelb und Blau

PVK Pigment-Volumen-Konzentration. Das Verhältnis des Pigmentanteils zum Gesamtvolumen einer Farbe. Höhere Prozentwerte (z. B.

40% - 85%) ergeben sich bei matten Farben, während niedrigere Werte (z. B. 10 % - 25 % bei glänzenden und halbglänzenden Farben gegeben sind

RISSBILDUNG Das Aufreißen eines trockenen Farb- oder Lackfilms, im Allgemeinen durch Alterung oder Bewegungen im Untergrund

SCHATTIERUNG Dunklere Variante einer Farbe, die durch Einmischen von Schwarz erzeugt wird

SCHEUERBESTÄNDIGKEIT Die Eigenschaft eines Anstrichs, häufiges Reinigen z. B. mit Wasser überstehen zu können, ohne abzunutzen oder sich zu verfärben

SCHIMMELFESTIGKEIT Die Eigenschaft einer Farbe, dem Befall durch Schimmelpilze an der Oberfläche zu widerstehen

SEIDENGLANZ-FINISH Eine Farbe mit einem Glanzgrad zwischen Hochglanz und Seidenmatt

SEKUNDÄRFARBEN Farbtöne, die entstehen, wenn zwei Primärfarben gemischt werden (Orange, Grün und Violett)

SETZEN / ABSETZEN Das Absinken von Pigmenten oder anderen Feststoffen in einer Farbe, wenn diese längere Zeit in einem Behälter steht

SILIKA / KIESELERDE Pigment aus zerkleinertem oder zermahlenem Quarzsand. Verleiht als verstärkender Füllstoff Farben Beständigkeit gegen Scheuerglanzstellen, sorgt für homogenen Glanz und gute Mattierung

SPACHTELMASSE Masse, die vor allem zum Ausfüllen von großen Rissen in Wänden verwendet wird. Trocknet hart aus; kann geschliffen und überstrichen werden

SPANNUNGSRISSBILDUNG Anstrichfehler, der wie ausgetrockneter, aufgerissener Schlamm aussieht. Tritt auf, wenn ein Anstrich zu dick aufgetragen wird, z. B. in Ecken

SPECKGLANZ Ungleichmäßiger Glanz oder Farbton, der aus einem unversiegelten Untergrund oder zu hohen oder niedrigen Temperaturen beim Trocknen resultiert

SPERRGRUNDIERUNG Ein flüssiger Anstrichstoff zur Versiegelung von Holz, Putz usw. Verhindert, dass die Oberfläche Farbe oder Lack absorbiert

SPRITZEN Auftragstechnik, bei der die Farbe in Form eines feinen Nebels zerstäubt und unter Druck auf die Oberfläche aufgebracht wird

STAUBTROCKEN Trocknungsstadium eines Anstrichs, bei dem sich niederlassende Staubpartikel aus der Luft nicht anhaften

STRECKMITTEL Material, das die Viskosität einer Farbe verringert, aber nicht unbedingt ein Lösemittel sein muss (Verdünnungsmittel)

STREICHLICHTGLANZ, SCHIMMER Mäßig niedriger Glanzgrad

SUBSTRAT Oberfläche, auf der eine Farbe aufgetragen wird

SYNTHETISCH Künstlich hergestellt im Gegensatz zu natürlich vorkommend

TERPENTINÖL Farbloses, flüchtiges Öl, das aus Kiefernholz gewonnen wird. Wurde früher als Verdünner und Reinigungslösemittel verwendet. Inzwischen durch Terpentinersatz ersetzt

TOLUOL Ein aromatisches Lösemittel, das zur Herstellung von Farben und Lacken verwendet wird

TON Ein weißes, natürlich vorkommendes Material, das als Füllstoff für Innenfarben benutzt wird

TOXISCH Schädlich oder giftig

TRANSPARENT Lichtdurchlässig

TUCHMATT Weder glänzend noch seidenglänzend, sondern extrem matt

ÜBERSTREICHBAR TROCKEN Trocknungszustand eines Anstrichs, bei dem ein anderer Anstrich aufgetragen werden kann, ohne die vorherige Schicht zu beschädigen

ÜBERSTREICHZEIT Wartezeit, die zwischen dem Auftragen von aufeinanderfolgenden Anstrichschichten erforderlich ist

UNTERTON Auch Farbstich genannt; feiner oder gedämpfter Farbton, der dem dominierenden Farbton eines Anstrichs einen anderen Charakter verleiht

UV-BESTÄNDIGKEIT Eigenschaft einer Farbe, durch UV-Strahlen, wie z. B. direktes Sonnenlicht, nicht beschädigt zu werden

VERBRAUCH Die Quadratmeterzahl, die von einer Farbe bedeckt wird; angegeben in qm pro Liter

VERDÜNNUNGSMITTEL Flüssigkeit, die zusammen mit dem Bindemittel die Trägersubstanz der Farbe bildet. Das Verdünnungsmittel verdunstet nach dem Auftragen der Farbe

VERWANDTE FARBEN Zwei Farben, die auf dem Farbkreis nebeneinanderliegen

VINYL Ein klares Kunstharz, das für manche Farben (z. B. matte Innenfarben) auf Wasserbasis verwendet wird

VISKOSITÄT Die Zähflüssigkeit eines Anstrichstoffs

VOLLTONFARBE Auch Abtönfarbe genannt; dient hauptsächlich der Farbgebung von weißer wasserverdünnbarer Farbe (meist Dispersionsfarbe). Volltonfarben sind witterungs- und scheuerbeständig. Werden auch in kleinen Gebinden, z. B. in Tuben angeboten

WASSERBASIERENDE FARBEN / WASSERFARBEN Farben, die mit Acrylat-, Vinyl- oder anderen Latexharztypen hergestellt und mit Wasser verdünnt werden. Sie trocknen schneller als Farben auf Alkydharzbasis, sind relativ geruchsarm und haben eine gewisse Wasserdampfdurchlässigkeit. Farbflecken können leicht entfernt werden. Der flüssige Bestandteil ist hauptsächlich Wasser

WEISSTÖNUNG Die Zugabe von Weiß zu einem Farbton

WISCHBEIZE Beize, die auf nacktes Holz aufgetragen und sofort wieder abgewischt wird, bevor sie zu trocknen beginnt. Hauptsächlich für den Innenbereich

Register

Danksagungen

Die Herausgeber bedanken sich bei folgenden Unternehmen für ihre Unterstützung: Anna Rodé Designs, Inc., Bauer Interior Design, California Paints, Devoe Paint, Dressler Stencil Co. Inc., Farmington Fireplaces, Integral Color Design for Architecture and Interiors, Maine Cottage, The Rohm & Haas Paint Quality Institute, Sandscapes LLC, The Sherwin Williams Company.

Umschlag: vorne links: Elizabeth Whiting & Associates, vorne Mitte und rechts: Redcover, hinten links: Maine Cottage/Dennis Welsh, hinten rechts: Elizabeth Whiting & Associates
1 Maine Cottage/Dennis Welsh
2 Farmington Fireplaces
6 Elizabeth Whiting & Associates
7 Maine Cottage/Dennis Welsh
10–11 Bauer Interior Design
12 Elizabeth Whiting & Associates
13u The Sherwin Williams Company
13o & 14 Elizabeth Whiting & Associates
16 Farmington Fireplaces
18ur Elizabeth Whiting & Associates
18l & 18or Maine Cottage/Dennis Welsh
19ul Bauer Interior Design
19ur Maine Cottage/Dennis Welsh
19ol Coleen Choisser/Anna Rodé Designs, Inc.
20ul & 20m Elizabeth Whiting & Associates
20ol Maine Cottage/Dennis Welsh
21ur Farmington Fireplaces
21or California Paints
28–30 Elizabeth Whiting & Associates
32 & 34ur Maine Cottage/Dennis Welsh
34l Elizabeth Whiting & Associates
34or California Paints
35ul & 35ur Maine Cottage/Dennis Welsh
35o Farmington Fireplaces
36r Maine Cottage/Dennis Welsh
36ol Elizabeth Whiting & Associates
37u Devoe Paint
37ul Elizabeth Whiting & Associates
37o & 44–46 Maine Cottage/Dennis Welsh
48 Elizabeth Whiting & Associates
50ul Coleen Choisser/Anna Rodé Designs, Inc.
50r Elizabeth Whiting & Associates
50ol Devoe Paint
51l Coleen Choisser/Anna Rodé Designs, Inc.
51r & 52 Elizabeth Whiting & Associates
53u Maine Cottage/Dennis Welsh
53o California Paints
60 Farmington Fireplaces
62–64 & 66ur Elizabeth Whiting & Associates
66l Farmington Fireplaces
66or, 67–80 & 82ul Elizabeth Whiting & Associates
82r Coleen Choisser/Anna Rodé Designs, Inc.
82ol Maine Cottage/Dennis Welsh
83u The Rohm & Haas Paint Quality Institute
83o & 84ul Coleen Choisser/Anna Rodé Designs, Inc.
84m Maine Cottage/Dennis Welsh
84ol Devoe Paint
85–96 Elizabeth Whiting & Associates
97ul The Rohm & Haas Paint Quality Institute
97ur Marv Sloben/Anna Rodé Designs, Inc.
97ol & 97tr Elizabeth Whiting & Associates
98ul The Rohm & Haas Paint Quality Institute
98m Elizabeth Whiting & Associates
98ol The Rohm & Haas Paint Quality Institute
99ur Elizabeth Whiting & Associates
99or Maine Cottage/Dennis Welsh

106–108 Elizabeth Whiting & Associates
110 The Sherwin Williams Company
112 Abode Interiors Picture Library
114ul Coleen Choisser/Anna Rodé Designs, Inc.
114ur Maine Cottage/Dennis Welsh
114or & 115ul Elizabeth Whiting & Associates
115ol Bauer Interior Design
115or Farmington Fireplaces
116ul Maine Cottage/Dennis Welsh
116m Elizabeth Whiting & Associates
116ol & 117ur Devoe Paint
117or Abode Interiors Picture Library
118ul & 118r Devoe Paint
118ol & 119u Coleen Choisser/Anna Rodé Designs, Inc.
119o Devoe Paint
126–128 Elizabeth Whiting & Associates
130 Bauer Interior Design
132 Elizabeth Whiting & Associates
134ul Bauer Interior Design
134ur Marv Sloben/Anna Rodé Designs, Inc.
134or California Paints
135ul Maine Cottage/Dennis Welsh
135ur The Rohm & Haas Paint Quality Institute
135o Elizabeth Whiting & Associates
136ul Maine Cottage/Dennis Welsh
136r Bauer Interior Design
136ol California Paints
137–150 The Rohm & Haas Paint Quality Institute
152 Bauer Interior Design
154, 156ur & 156l Elizabeth Whiting & Associates
156or Abode Interiors Picture Library
157u Farmington Fireplaces
157o & 158ul The Rohm & Haas Paint Quality Institute
158m & 158ol Elizabeth Whiting & Associates
159ur The Rohm & Haas Paint Quality Institute
159r Elizabeth Whiting & Associates
162 Sandscapes LLC/Lauren Childs
164 The Rohm & Haas Paint Quality Institute
166–176, 178ul Elizabeth Whiting & Associates
178r Jan Dressler/Dressler Stencil Co. Inc.
178ol Tim France
179 Elizabeth Whiting & Associates
180 Bauer Interior Design
181ur Jan Dressler/Dressler Stencil Co. Inc.
181mr & 181ol Elizabeth Whiting & Associates
181or Barbara Jacobs/Integral Color Design for Architecture and Interiors
183ul & 183ur Elizabeth Whiting & Associates
183ml Coleen Choisser/Anna Rodé Designs, Inc.

183ol Barbara Jacobs/Integral Color Design for Architecture and Interiors
183or Elizabeth Whiting & Associates
184l Bauer Interior Design
184r & 185ul Elizabeth Whiting & Associates
185ur & 185ol Paul Forrester
185or Sandscapes LLC/Lauren Childs
186ul Tim France
186ur Elizabeth Whiting & Associates
186ol Barbara Jacobs/Integral Color Design for Architecture and Interiors
186or Bauer Interior Design
187l Barbara Jacobs/Integral Color Design for Architecture and Interiors
187r Paul Forrester
188ul Barbara Jacobs/Integral Color Design for Architecture and Interiors
188ur Tim Ridley
188l Paul Forrester
188ol Paul Forrester, Colin Bowling
188or John Freeman
189 Tim Ridley
182 Coleen Choisser/Anna Rodé Designs, Inc.
190 & 191u Jan Dressler/Dressler Stencil Co. Inc.
191o Paul Forrester
192 Elizabeth Whiting & Associates
194 Sandscapes LLC/Lauren Childs
195–197 The Sherwin Williams Company
198 Tim France
199 Elizabeth Whiting & Associates
200 Paul Forrester, Colin Bowling
201 Tim France
202 Barbara Jacobs/Integral Color Design for Architecture and Interiors
203–204 Tim Ridley
205 The Sherwin Williams Company
206 Elizabeth Whiting & Associates
207 Paul Forrester
208 Paul Forrester, Colin Bowling
210 Elizabeth Whiting & Associates
211u The Sherwin Williams Company
211o Coleen Choisser/Anna Rodé Designs, Inc.
212u Barbara Jacobs/Integral Color Design for Architecture and Interiors
212o Sandscapes LLC/Lauren Childs
213 Elizabeth Whiting & Associates
214 Sandscapes LLC/Lauren Childs
215ul Coleen Choisser/Anna Rodé Designs, Inc.
215ur Tim Ridley
215o Barbara Jacobs/Integral Color Design for Architecture and Interiors
216–217 Paul Forrester, Colin Bowling
218 Bauer Interior Design
219 Tim France
220 Barbara Jacobs/Integral Color Design for Architecture and Interiors
221–222 Sandscapes LLC/Lauren Childs
223 The Sherwin Williams Company
224 Paul Forrester, Colin Bowling
225 Tim Ridley